Silja Ukena

Ein Jahr in Paris

Silja Ukena

Ein Jahr in Paris

Reise in den Alltag

HERDER

FREIBURG · BASEL · WIEN

Gedruckt auf umweltfreundlichem,
chlorfrei gebleichtem Papier

Originalausgabe

www.herder.de
Satz: Dtp-Satzservice Peter Huber, Freiburg
Herstellung: CPI Moravia Books, Pohorelice 2007
Umschlaggestaltung und Konzeption:
R·M·E München / Roland Eschlbeck, Liana Tuchel
ISBN 978-3-451-05742-7

Inhalt

Für h. r. und j. l.

Le cœur a ses raisons que la raison ne connaît point.

(Blaise Pascal)

Wie ich nach Paris kam

Es begann irgendwann kurz nach meinem 30. Geburtstag. Dieses kleine, nagende Gefühl, dass da doch noch etwas wäre. Warten würde. „Du spinnst", sagte Georg, mein Freund, seit wir gemeinsam im Kindergarten der Frau Pfarrer die Bibel versteckt hatten, um zu sehen, ob sie es auch auswendig könnte. Sie konnte – aber das tut hier eigentlich nichts mehr zur Sache, jedenfalls sagte Georg: „Du spinnst. Dir geht es einfach nur zu gut." Womit er recht hatte, aber vielleicht war genau das der Punkt. Ich hatte einen passablen Job, einen netten Freund, der mich, zugegeben, einigermaßen langweilte, aber höchstwahrscheinlich auch heiraten würde, „wenn du das auch möchtest". Ich hatte Freunde und eine Wohnung mit Balkon und Wäschetrockner. Alles bewegte sich in eine Richtung, die bestimmt nicht verkehrt war. Und trotzdem. Was war mit dem großen Rest? Dem Abenteuer, der Möglichkeit, auch ein anderes Leben zu leben?

„Ich gehe nach Paris." Wohlweislich probierte ich diesen Satz zuerst bei Georg aus. „Du spinnst", sagte er mal wieder. Er sagte das überhaupt sehr oft. „Muss es denn gleich Paris sein? Wie wäre es mit München? Da kannst du wenigstens arbeiten. Außerdem duschen sich die Franzosen nie." Diese Argumentation war zugegeben nicht ganz klar. Aber man muss dazu wissen, dass Georg Frankreich und alles, was damit zu tun hat, verabscheut. Seine Kenntnisse beruhen dabei auf einem Schüleraustausch in der neunten Klasse, den wir in der Normandie verbrachten. Nun war das nicht gerade der ideale Einstieg, das stimmt. Es war unglaublich kalt und zugig, die Franzosen sprachen genauso wenig deutsch wie wir französisch, und es gab praktisch zu jeder Mahlzeit nach Salz schmeckendes Lammfleisch. Vor allem jedoch waren unsere Austauschpartner attraktivitätsmäßig betrachtet tief enttäuschend. Natürlich hätte es niemand zugegeben, aber insgeheim hatten alle auf eine romantische Begegnung gehofft. Und dann waren die Jungs klein und dünn, und die Mädchen hießen zwar manchmal Marianne, sahen aber keineswegs danach aus. Kurz, am Ende des Schuljahres hatten die meisten von uns, darunter auch Georg, Französisch als Lernfach abgewählt. Ich nicht, aus welchem Grund auch immer. Mir gefiel, wie federleicht diese Sprache klang, und ich wusste: Es gibt immer noch Paris. Die Stadt der schönen Frauen und eleganten Männer, der Mode und der Liebe und der Literatur darüber; die Heimat von Edith Piaf und Alain Delon, von Coco Chanel und Yves Saint Laurent.

Das dachte ich jetzt wieder.

Und dann tat ich es einfach.

Ich ging zur Bank und beschloss, Omas „eisernes Konto" anzubrechen, das sie mir vermacht hatte – „für schlechte Zeiten", wie sie immer sagte. Aber vielleicht war es auch für gute Zeiten richtig. Ich trennte mich von meinem Freund, er hatte Verständnis, und kündigte meinen Job, wofür niemand Verständnis hatte.

Und dann hatte ich plötzlich nur noch einen Koffer und alle Freiheit dieser Erde. Paris, ein Fest fürs Leben. Oder doch nicht?

Ein französischer Bekannter sagte mir später, die Idee von dieser Stadt sei immer noch stärker als ihre Wirklichkeit. Ich musste ihre Wirklichkeit erst kennen lernen, um zu verstehen, was er meinte.

Mai – Anfänge

1. Kapitel, in dem ich enttäuscht bin, dem Geist von Paris nachlaufe, eine erste Bekanntschaft mache, beinahe überfahren werde und lerne, was eine grammatische „Ausnahme" ist.

Erkenntnisse: 1. Das Baguette ist eine Frau. 2. Die Regel ist die Ausnahme.
Aufgabe des Monats: Die Franzosen verstehen und die Franzosen dazu bringen, mich zu verstehen.

ALS ICH AM FLUGHAFEN CHARLES DE GAULLE das erste Stück Pariser Himmel erblickte, da war es grau. Ich musste an Hemingway denken, an seinen Roman „Paris – ein Fest fürs Leben", der mit dem Satz beginnt: „Dann war das schlechte Wetter da", und dann rammte mir jemand seinen Koffer in die Hacken und raunzte etwas Unverständliches, etwas, das wahrscheinlich bedeuteten sollte, ich möge hier gefälligst nicht den Verkehr aufhalten. Die Menschen stürzten sich auf ihre Koffer, rannten hinaus über das schwarze Pflaster in den Regen, zum Taxi, zum Bus, zum Bahnsteig der RER. „Welcome to Paris", hatte die Stewardess gesagt. „We wish you a pleasant stay." Vom Regen hatte sie nichts gesagt und auch nicht davon, dass der Aéroport Charles de Gaulle ein vollkommen unverständliches Ungetüm aus Sichtbeton sein würde, eine Art Gebäude gewordene Metapher der französischen Grammatik. Als internationaler Flughafen jedenfalls nur bedingt geeignet. Ich musste einen Bus finden, der mich zum Étoile bringen sollte. Dort würde Arnaud mich abholen. Arnaud war ein Freund von Freunden, und er und seine Frau Isabelle hatten sich freundlich erboten, mich in der ersten Zeit bei sich wohnen zu lassen.

Isabelle und Arnaud waren das typische Pariser Paar, das es zu etwas gebracht hat. Beziehungsweise hatte Arnaud es zu etwas gebracht, und Isabelle ihn dazu, sie zu heiraten. Inzwischen hatten sie zwei Autos und zwei Kinder, jede Menge Streit und verbrachten die Ferien mit den Schwiegereltern in der Vendée. Arnaud war Absolvent der Eliteuniversität „Sciences Po", mit vollem Namen „Institut d'Études Politiques de Paris"[1], und arbeitete in einer großen Unternehmensberatung. Isabelle machte auch irgendetwas in der Firma ihres Vaters. Was, habe ich nie genau begriffen.

Sie erwartete uns mit einem „kleinen Imbiss". Salat, Pasteten, etwas Brot und Käse. Wein und Wasser in Karaffen. Ich glaube, das war meine Rettung an diesem Abend – diese Fähigkeit der Franzosen, zu jeder Zeit und an jedem Ort ein gutes Essen zu servieren. Meine Angst vor dem Neuanfang, die mich schon am Flughafen in Deutschland übermannt hatte, die Enttäuschung über das schlechte Wetter, die Fremd-

---

[1] Das IEP Paris ist die älteste und berühmteste von neun Hochschulen dieser Art in ganz Frankreich. Die IEP, an denen längst nicht mehr nur Politikwissenschaften, sondern inzwischen auch Jura, Wirtschaftswissenschaften, Soziologie, Geschichte, Sprachen und Internationale Beziehungen gelehrt werden, bildet zusammen mit den anderen *Grandes Écoles* Frankreichs Führungseliten aus. Das Studium dauert etwa fünf Jahre, ein Spitzenjob ist anschließend so gut wie garantiert. Entsprechend hoch sind die Anforderungen bei den Aufnahmetests, die entweder schriftlich (*sélection sur dossier*) oder im direkten Auswahlverfahren (*sélection sur concours*) erfolgen.

heit in dieser mit gelben Stoffen und Stores überladenen Wohnung im 16. Arrondissement.

Als ich später auf dem mit Bourbonen-Lilien gemusterten Schlafsofa lag, hatte ich die erste Lektion in Pariser Gesellschaftskunde hinter mir: wie man *conversation* macht. Arnaud, ganz junge Elite, hatte die Situation gewandt im Griff. Er brillierte und hatte zu allem etwas zu sagen. Zum Käse: „Unser *traiteur* bekommt ihn direkt aus der Gegend von Chartres, musst du wissen." Zur Kunst: „Du solltest ins Musée Picasso gehen. Picasso hat mir einen ganz neuen Blick auf die Welt eröffnet." Zur Lage der Nation: „Nein, ich würde nicht vom *Niedergang* sprechen. Die Nation befindet sich in einer *Krise*. Aber es gibt Hoffnung."

Isabelle blickte dazu auf ihren makellos gedeckten Tisch. Da meine Meinung in Arnauds Diskurs sowieso nicht gefragt war, hatte ich Zeit, sie zu betrachten. Sie war schön, Isabelle, kein Zweifel. Ihr Teint ebenso fein wie das Porzellan auf dem Tisch, allerdings ohne Landhausbemalung. Eine von diesen Frauen, die niemals enttäuschen. Immer passen die Mokassins zur Handtasche, nie verlässt ein Haar die Frisur, und dass sie zwei Kinder hat, sieht man ihr nur an, wenn sie mit ihnen unterwegs ist. Trotzdem ist da immer dieser leicht gespannte Zug um den Mund, diese Falte an der Nasenwurzel, das leise Signal. Etwas nagte in ihr. Aber sie wusste nicht, was. Meine erste Pariserin seit Madame Merseburger, unserer Französischlehrerin. Ich hatte vor, eine größere Sammlung an Modellen anzulegen. Schließlich wollte ich selbst eine werden. Doch würde das noch eine Weile warten müssen. Denn der Gedanke an Madame Merseburger brachte mich zu einem ganz anderen Problem: meinen Französischkenntnissen. Oder vielmehr deren Abwesenheit. Dabei hatte ich die Sprache doch geliebt, vom dem Moment an, als Madame – von *„l'amour"* einst ins kalte Deutschland verschlagen – uns die ersten Worte beigebracht hatte. Dass deren überaus komplizierte, vollkommen unlogische und stellenweise ins Neurotische tendierende Grammatik durchaus einen Hinweis auf den Charakter ihrer Sprecher bietet, sollte ich ja erst viel später begreifen. Freund Georg fand schon damals: „Subjonctif ist krank." Ich hingegen lernte begeistert jede grammatische Ausnahme (es waren hunderte), las alles von Zola (geschätzte achttausend Seiten) und beschloss, gleich nach dem Abitur meine grobe Heimat zu verlassen und nach Paris zu ziehen. Wenn Madame Merseburger in Deutschland die große Liebe gefunden hatte, warum sollte mir das nicht umgekehrt gelingen?

Es kam wie immer im Leben: anders. Die Details spielen hier keine Rolle, jedenfalls blieb ich, wo ich war, studierte, arbeitete, hatte andere Dinge im Kopf. Und als ich es nun doch endlich geschafft hatte, saß ich da und brachte außer *„Oui"* und *„Merci"* und *„C'est vrai!"* kein Wort heraus.

Als ich an diesem Abend meine Füße zwischen die fest gespannten Laken schob und mich nicht traute, sie einfach unter der Matratze hervorzuziehen, weil man hier nun einmal so schlief und ich, wenn ich in diesem Land leben wollte, versuchen musste, so zu werden wie sie, fasste ich zwei Entschlüsse. Erstens würde ich einen Sprachkurs belegen und zweitens musste ich so schnell wie möglich eine eigene Wohnung finden. In diesem Moment vermisste ich Georg sehr. „Lass dich nicht fertigmachen von denen", hatte er zum Abschied gesagt. „Denk immer dran: Auch wir haben große Schriftsteller hervorgebracht."

Ich lief viel umher in dieser ersten Zeit, trotz der für den Mai ungewöhnlichen Kälte, fuhr kreuz und quer durch die Stadt, verbrauchte unzählige Metrotickets, bis ich verstand, dass sie im *Carnet* – im Zehnerpack – billiger sind, und versuchte, den Raum dieser Stadt zu ermessen. Louvre, Madeleine, Marais, Palais Royal, Place Vendôme, Croissants bei Fauchon, Tee in der Galerie Vivienne. Ich kaufte neue Schuhe. Natürlich brauchte ich keine, aber mit den Schuhen ist das so eine Sache bei mir. Ich kann schwer widerstehen. Diese jedenfalls waren sehr sexy, schwarz und mit so einem kleinen spitzen Absatz. Kurz, ich verhielt mich wie eine Touristin, und naiv wie ich war, glaubte ich, Paris auf diese Weise kennen zu lernen.

Nach einer Woche war ich bereits fix und fertig. Indem ich ihre Plätze abschritt und Denkmäler besuchte, wollte ich diese Stadt begreifen. Aber Paris wäre nicht die Hauptstadt des Raffinements, wenn sie es einem so einfach machte. Sie stellt es schlauer an. Sie erlaubt es jedem, nach Lust und Laune in ihr herumzuspazieren, sie zu fotografieren und romantische Ansichten mit nach Hause zu nehmen. Ihre Seele aber wird man auf diese Weise nicht entdecken. Er ist flüchtig, der Geist von Paris, und weigert sich, freundlich lächelnd fotografiert zu werden. Was nicht bedeutet, dass man ihm nicht auch in der Warteschlange vor der von I. M. Pei gebauten Glaspyramide des Louvre, der längsten Schlange der Welt, begegnen kann, wenn dort zufällig mal ein Pariser steht und einem mit einem überaus höflichen *„Après vous“* den Vortritt lässt.

Die Erkenntnis jedoch, dass es in der Regel nicht ganz so einfach ist, Paris zu verstehen, verdankte ich Gaetano. Er war Italiener, in Rom geboren, Sohn einer Französin und schlug sich in Paris als Fotograf durch. Ich lernte ihn im Metrotunnel unter der Place Charles de Gaulle kennen, nachdem wir etwa eine Stunde lang den gleichen Weg gehabt hatten. Nachdem ich zum dritten Mal hinter ihm eine dieser scheinbar unendlich langen Rolltreppen hinabgefahren war, kam er plötzlich auf mich zu und sagte: „Verfolgen Sie mich etwa?“

Ich lief knallrot an, brachte dann aber ein halbwegs selbstbewusstes „Nein, ich wohne hier" hervor. „Schade", sagte er nur. Ich war platt. Es war klar, dass jetzt irgendetwas von mir erwartet wurde. Aber was bloß?

Es war meine erste Begegnung mit diesem kleinen Schlagabtausch, irgendwo zwischen Flirt und Scherz, den der Franzose so liebt. Der nirgendwohin führen, aber unbedingt zu Ende gebracht werden muss. Gewonnen hat, wer das letzte Wort behält. Nur Anfänger scheitern so kläglich auf den ersten Metern wie ich damals. Jeder Franzose hätte mich an dieser Stelle links liegen gelassen, zumal wenn er Pariser gewesen wäre. Sie verachten Touristen nun einmal, jedenfalls solche, die nicht in der Lage sind, eine ordentliche *conversation* zu führen. Gaetano aber war selbst als Fremder in diese Stadt gekommen, und so hatte ich Glück.

„Was siehst du?", fragte er mich, als wir ein paar Tage später auf der Aussichtsplattform des Kaufhauses Samaritaine standen. Was ich sah, war ein Meer von schiefergrauen Dächern, in dem wie Bojen die Wahrzeichen der Stadt schwammen. Sacré Cœur. Triumphbogen. Eiffelturm. Am Horizont die Türme von La Défense. „Sehr gut", sagte er. „Aber weißt du, das alles ist nur die Oberfläche. „Das Herz" – er griff sich an die Brust – „das Herz, das musst du suchen. Da unten! *Dans la Rue!*" Dann sah er mich mit seinen römischen Augen traurig an: „Du wirst noch viele Schmerzen haben, bis du Paris kennst."

Es würde Zeiten geben, in denen ich mich beinahe täglich an diesen Satz erinnerte. In denen ich diese wundervolle Stadt dafür hassen würde, dass sie es mir so schwer machte. Mir die kalte Schulter zeigte und es nicht einmal nötig hatte, mir einen einzigen Seitenblick zu gönnen.

Zunächst aber beschloss ich, Gaetano zu meinem Freund zu machen. Er hatte mir sieben Jahre Pariser Lebenserfahrung voraus. Das war lange genug, um alles zu wissen, und kurz genug, sich auch noch einmal auf jemanden einzulassen, der nicht schon seit zwanzig Jahren im selben Viertel wohnte. Und da er seltsamerweise bisher nie versucht hatte, mir näherzukommen – nicht, dass ich so eitel wäre, aber ein halbfranzösischer Italiener in Paris, der NICHT flirtet, also bitte –, würde es wohl auch keine Missverständnisse geben. Wahrscheinlich, dachte ich, bin ich zu alt für ihn. Gaetano war vierzig.

Außerdem – großer Pluspunkt – akzeptierte er mein unsägliches Gestotter, von dem ich zu Hause immer behauptet hatte, es sei Französisch. Das taten andere nämlich nicht. Und das war manchmal zum Verzweifeln.

Es ist so: Wenn sie dich nicht verstehen wollen, dann verstehen sie dich nicht. Punkt. Ende der Diskussion. Da ist dann nix mehr zu machen. Du kannst wiederkommen, wenn du anständig Französisch gelernt hast, sehr gerne, dann gibt man dir vielleicht eine zweite Chance.

Man sollte meinen, dass in einer der größten Städte in der Mitte Europas Englisch gesprochen wird? Nun, *theoretisch* schon. Praktisch kommt man damit nicht im Geringsten weiter, im Gegenteil. Wenn man einen Pariser in seiner Heimat auf Englisch anspricht, geht ein eiserner Vorhang herunter. Die amerikanischen Touristen merken das nicht. Sie trampeln ihn einfach nieder und werden dafür mit der größtmöglichen Verachtung gestraft. Natürlich lernt jeder Franzose in der Schule zwei Fremdsprachen. Er spricht sie nur nicht. Er mag sich nicht anstrengen, nur damit andere ihn verstehen.

Ich habe es gleich gar nicht erst mit Englisch versucht. Man hat ja auch seinen Stolz, und ich wollte Madame Merseburger keine Schande machen. Ich bin mir allerdings nicht ganz sicher, was sie dazu gesagt hätte:

„Bon jur, un baguette, si vu plä."[2] So ungefähr muss es sich angehört haben. Und natürlich wurde ich prompt zurechtgewiesen: *„Voilà, Mademoiselle: UNE baguette!"* Ich hatte „es" getan. Der *baguette*, dem heiligen Stangenweißbrot, dem über alles geliebten und zu jeder Tageszeit und Gelegenheit konsumierten nationalen Grundnahrungsmittel den falschen Artikel zugeordnet. Das tun nur Volltrottel und Ignoranten, sprich Anfänger und Touristen. Es heißt *la baguette*. Und während ich mit roten Wangen aus der Boulangerie floh, schwor ich, diesen *faux pas* nie wieder zu begehen. Am nächsten Morgen kaufte ich meine Baguette woanders.

Zum Glück gibt es sehr viele Bäckereien in Paris. 1400, um genau zu sein. Praktisch an jeder Ecke eine. Aber man geht immer nur zu derselben. Am schönsten ist es abends, wenn die Leute von der Arbeit kommen und auf dem Heimweg in der Boulangerie vorbeischauen. Man steht Schlange, die Verkäuferinnen rotieren, man plaudert. Beziehungsweise brüllt man sich schon mal von weitem zu, wie es gerade geht, schließlich ist für einen ausführlichen Schwatz jetzt keine Zeit, und wenn Kunde und Verkäuferin endlich so dicht voreinander stehen, dass man sich unterhalten könnte, geht alles ganz schnell. Blitzartig wird ein kleines weißes Papier um den Baguettelaib gewickelt, Geld wechselt den Besitzer und dann heißt es auch schon *„Bonsoir!"* und *„Bonne soirée"*. Und dann kommt der beste Moment, wenn man nämlich wieder auf die Straße tritt und noch im Gehen den obersten Zipfel der Baguette abbricht als kleine Wegzehrung – die im glücklichsten Fall noch ein wenig warm zu sein scheint –, als Vorgeschmack des lang ersehnten Feierabends. Die schönste Szene erlebte ich einmal in der Rue Poncelet: Es ist warm, die

---

[2] In anständigem Deutsch etwa: „Guten Tag, ich hätte gerne ein Baguette."

Abendsonne scheint noch, ein älterer Herr verlässt mit seinem vielleicht vierjährigen Enkel an der Hand die Bäckerei, beugt sich zum ihm hinunter und der Kleine darf die Spitze abbrechen. Er braucht dazu beide Hände und all seine Kraft, aber am Ende gelingt es und beide, Großvater und Enkelsohn, teilen sich dieses kleine warme Glück am Abend.

Sie finden, es wird gerade etwas klischeehaft? Mag sein. Aber wen schert das, wer sagt denn, dass die Dinge zwangsläufig leer werden, nur weil sie zu oft schon beschrieben wurden? Außerdem sind wir ja hier erst am Anfang.

Ich kaufte ein Fahrrad. Das heißt, ich wollte ein Fahrrad kaufen. Man erklärte mich für verrückt.

„Sie werden dir den Hals brechen!", sagte Georg nach einer kurzen Analyse des Pariser Autoverkehrs.

„Wozu? Es gibt doch die Metro!", sagte Arnaud und meinte: Unser hervorragendes, über Jahrhunderte hinweg verfeinertes öffentliches Transportsystem ist dir wohl nicht gut genug?! (Wobei er selbst niemals etwas anderes bestieg als seinen Renault Espace.)

„Oh. Bei euch fährt man wohl viel Fahrrad", sagte Isabelle, und zog die Brauen sehr hoch. Man konnte sehen, wie vor ihrem inneren Auge Horden schwitzender Deutscher des Morgens zur Arbeit strampelten. „Nein, das ist in China", hätte ich am liebsten geantwortet, verkniff es mir aber um der Völkerfreundschaft willen. Vielleicht tat ich ihr ja auch unrecht. Sicher ist allerdings, dass Isabelle niemals ein Rad bestiegen hätte. Ich glaube, sie fand es für Frauen irgendwie unanständig. Sie machte überhaupt nie Sport. Brauchte sie aber auch nicht, sie aß nämlich auch fast nichts.

Nur Gaetano sparte sich jeden Kommentar und gab mir stattdessen eine Adresse, wo man Fahrräder *d'occasion*, also gebraucht, bekam.

„Non, Mademoiselle. On n'a pas UNE vélo. On a UNE bicyclette ou UN vélo. Mais UNE vélo on n'a pas."[3]

Schließlich bekam ich doch eines. Es war sehr alt und ziemlich hässlich, hatte aber tadellose Bremsen und das, so erklärte mir der Händler, sei in Paris das Zweitwichtigste beim Fahrradfahren. Dann kaufte ich noch ein Schloss. Es war riesig und kostete fast genauso viel wie das Rad. Aber das, so Monsieur, sei wirklich das Wichtigste, absolut unerlässlich. *„On vole partout à Paris"*, sagte er. „Lassen Sie Ihr Rad bloß nicht irgendwo herumstehen. Sie drehen sich um und – sssssst – sofort ist es weg. Es wird immer schlimmer mit den Dieben. Sogar vor unserem Viertel machen sie nicht mehr Halt. Wer hätte das gedacht!"

Ich war beeindruckt, lernte aber bald, dass in Paris schon immer alles immer schlimmer wurde.

Die neu gewonnene Freiheit zeigte mir tatsächlich ein ganz anderes Paris. Metro zu fahren bedeutet immer, an einem bestimmten Punkt des großen Ganzen im Untergrund zu verschwinden, um dann an einem ganz anderen Ort wieder aufzutauchen. Zwischendurch wechselt man mindestens einmal die Linie, durchquert kilometerlange Gänge, wird auf Rolltreppen und Laufbändern immer tiefer in die Eingeweide dieser Stadt geschickt. Kommt man dann irgendwann wieder

---

3 Man kann es nicht übersetzen, woran sich mal wieder der ganze Reichtum der französischen Sprache zeigt, die für das Fahrrad gleich zwei Wörter bereithält, nämlich: *le vélo*, ein maskulines Wort, und *la bicyclette*, die weibliche Variante. Jedenfalls wollte Monsieur Fahrradhändler mir unmissverständlich klarmachen, dass es in seinem Laden nur anständige Räder mit korrektem Artikel gäbe. Nicht nur eine Frage der Grammatik, sondern auch der Ehre.

ans Tageslicht, fehlt einem jedes geographische Gefühl. Den Parisern natürlich nicht. Für sie sind die Namen der Metrostationen ganz selbstverständliche Orientierungspunkte.

„Métro Jaurès"[4] sagt man jemandem, der aus einem fremden Viertel anreist, oder „Du fährst bis Oberkampf". Angeblich ist kein Ort der Stadt weiter als fünf Minuten von einer Station der *Métropolitain* entfernt. Und wenn nicht gerade mal wieder gestreikt wird, dann benutzen die Pariser ihre Metro auch. Jeder fährt, der morgendliche Anzugträger ebenso wie die ältere Dame auf dem Weg zu ihrem *Éclair* im Salon de Thé des Hôtel de Crillon; die Verkäuferin vom Bon Marché wie die Studentin der Académie des Beaux Arts. Das ist es, was Paris zur Großstadt macht, zur Metropole, wenn man so will.

Angesichts der Massen, die praktisch zu jeder Tageszeit unter dem Asphalt unterwegs waren, so dachte ich, konnte der Verkehr eigentlich nicht mehr so schlimm sein. Das dachte ich genau so lange, bis ich zum ersten Mal versuchte, von der Rue Brunel mit dem Rad zur Sorbonne zu gelangen. Danach hielt ich die Tour de France für ein Kinderspiel. Um mich nicht zu verfahren, hatte ich geglaubt, es sei das Klügste, mich an die großen Boulevards zu halten: Champs Elysées, Place de la Concorde, Boulevard Saint-Germain, Boulevard Saint Michel. Jeder, der Paris kennt, wird sich jetzt fragen, wie man nur so naiv sein kann, und da kann ich Ihnen auch nur Recht geben. Am Ende war ich schweißgebadet, hatte „in diesem bewegten Chaos, wo der Tod von allen Seiten auf einmal im

---

[4] Die Station hieß bis 1914 *Allemagne*. Mit Ausbruch des Ersten Weltkriegs wurde Deutschland jedoch zum Feind und die Haltestelle kurzerhand umbenannt.

Galopp auf uns zustürmt“[5], ungefähr sechsmal mein Leben riskiert. Isabelle, Arnaud und Georg hätten bei meinem Anblick stille Genugtuung empfunden. Aber aufgeben – niemals. Und tatsächlich ist es ganz einfach: Man geht, fährt oder parkt eben nur nicht nach Schildern oder Vorschriften, sondern nach Gefühl und Verstand. Das einzige Problem, das sich hieraus ergibt, ist, dass mitunter die Vorstellungen von dem, was ein der Verkehrslage angemessenes Verhalten wäre, beträchtlich voneinander abweichen. Jeder hat nun mal seine eigenen Ansichten. Und natürlich hat jeder Recht, besonders zur abendlichen Rushhour. Stellen Sie sich den Pont de la Concorde vor, eine dieser breiten, von prächtigen Balustraden gesäumten Seine-Brücken, die direkt am Palais Bourbon endet, wo die Assemblée Nationale, die erste Kammer des französischen Parlaments, ihren Sitz hat. Es ist etwa 18.30 Uhr, ein gewöhnlicher Wochentag. Alle haben hart gearbeitet, alle wollen schnell nach Hause. Aber nun kommt es zwischen Pont de la Concorde, Quai d’Orsay und Boulevard Saint-Germain zu dem, was der Franzose *embouteillage* nennt, manchmal, wenn es drastischer ist, auch *bouchon*. Das bedeutet Stau, zugleich in der Sprache der Winzer aber auch „Abfüllung“ und „Korken“. Weshalb es in der abendlichen Hitze des Asphalts nicht selten auch zur Gärung kommt. Und in der Regel dauert es nicht allzu lange, bis sich angesichts dessen, dass man eingepfropft zwischen einem Haufen Idioten feststeckt und nichts mehr geht, der Emotionsstau Bahn bricht. Dann wird das Fenster heruntergekurbelt, und man teilt einander ungefiltert mit, dass man sich für einen inkom-

---

[5] Charles Baudelaire schrieb dies um das Jahr 1850. Von Fortschritt bis heute keine Spur.

petenten Trottel hält. Die Hupe verleiht den Gefühlen zusätzlichen Ausdruck. Bald geht es hoch her, nur die Wachen der Assemblée Nationale versehen, ohne mit der Wimper zu zucken, stoisch ihren Dienst. Jetzt ist der Moment gekommen, an dem ein Flic am Knotenpunkt auftaucht. Mindestens 1,90 Meter groß ragt er aus der Menge hervor, ein Farbiger mit weißen Handschuhen und Trillerpfeife. Wie ein Dirigent nimmt er die Sache in die Hand, fuchtelt und pfeift, richtet nichts aus, das aber mit sichtlichem Genuss. Er nämlich ist hier derjenige, der von Amts wegen Recht hat, und so ist es ihm auch gestattet, allen Beine zu machen: *„Avancez! Avancez! Vous débutants!“* – Vorwärts, ihr Anfänger, auf geht's!

Der Anfänger in Paris sollte es genauso machen. Es gibt so vieles, das einen einschüchtert (falls man nicht gerade aus Mexico City einreist): der Verkehr; die Menschen, deren Verhalten allzu oft zwischen Ruppigkeit und Arroganz zu wechseln scheint; die Sprache, die selbstverständlich nichts mit dem zu tun hat, was man in der Schule lernt; die schiere Größe der Stadt. Doch wer sich davon beeindrucken lässt, der hat verloren. „Sie testet dich“, sagte Gaetano, der von Paris oft wie von einer schwierigen Frau sprach. „Wenn sie dich anfaucht, musst du zurückfauchen. Dann hast du irgendwann bestanden.“ Tatsächlich scheint es einen Punkt zu geben, an dem sich etwas verändert. Dann stehen Sie eines Tages am Boulevard Saint-Germain, innerlich darauf eingerichtet, dass es Stunden dauern wird, bis sich eine winzige Chance bietet, die Seite zu wechseln, als plötzlich das Unerwartete eintritt: Ein Pariser bremst ab und bedeutet Ihnen freundlich (!), doch vor ihm die Straße zu überqueren. Wie es dazu kommt? Nun, Sie haben den Test bestanden. Sie wirken nicht mehr wie eine Touristin. Wie man das macht? Keine Ahnung, fragen Sie mich später noch mal.

Zunächst einmal sehen Sie mich die heiligen Hallen der Universität Sorbonne betreten (genau genommen ist es ein Nebengebäude). In neuen Schuhen, versteht sich. Schwarze Ballerinas, irre bequem und doch elegant. Es ist 8.30 Uhr, und mit mir sind hunderte auf demselben Weg. Unser Ziel sind nicht wirklich die altmodischen Klassenzimmer, sondern eigentlich die Feinheiten der französischen Sprache. *„Salut!“*, tönt es hinter mir. Jeder Franzose wäre angesichts dieser Lautstärke zusammengezuckt. Es ist Marc. Er ist Amerikaner und Philosoph. Er hatte es damals an der Universität von Pittsburgh als Sartre-Spezialist schon einigermaßen weit gebracht. Dass er kein Wort Französisch sprach, schien dort niemanden weiter zu stören. Bis er eines Tages selbst den Ehrgeiz entwickelte, „seinen Sartre“ auch im Original lesen zu können. Zu diesem Zeitpunkt allerdings waren wir alle davon noch einigermaßen weit entfernt. „Débutants C“ hieß unser Kursniveau. Was nicht völlig peinlich war. Es gab noch die Débutants D und E, so hatte man immer jemanden, auf den man herabblicken konnte. Bei Marc allerdings war mir nicht ganz klar, wie er diese beiden Stufen hatte überspringen können. *„Salut“* war nämlich tatsächlich sein mehr oder minder einziges Wort Französisch – er sprach es „Säljut“ aus und jedes Mal, wenn er sich im Unterricht zu Wort meldete, breitete sich auf dem Gesicht unserer Lehrerin Mademoiselle de la Chapelle ein schmerzlicher Ausdruck aus, so als habe sie plötzlich schreckliches Zahnweh. Es gibt wahrscheinlich nur wenige Dinge, die für Franzosen schlimmer sind, als Ausländern ihre Sprache beibringen zu müssen. Aber irgendwer muss es ja tun. Bei Marc allerdings schien alles verloren, ihn verstand niemand. Was aber auch daran liegen konnte, dass nicht vorhandenes Französisch für zwanzig verschiedene Menschen aus fünfzehn verschiedenen Nationen als kleinster gemeinsamer Nenner einfach zu wenig ist. Vielleicht hätten wir lieber über unseren Traum sprechen sollen. Denn den hatten wir alle. Tomer aus Tel Aviv ebenso wie Monica aus Barcelona oder Ahmed aus Riad. Tomer war Wissenschaftler, Monica Filmregisseurin, Ahmed der Sohn des saudischen Botschafters, der einen Mathematikstudienplatz an einer der Grandes Écoles bekommen und dann bemerkt hatte, dass man mit mathematischen Formeln allein in dieser Stadt nicht weit kommt. Insgesamt war unser Kurs ein guter Querschnitt des Pariser Migrantentums. Des wohlhabenden, versteht sich. Ein Pakistani, der in der Rue Levis gefälschte Yves-Saint-Laurent-Taschen verkauft, hat kein Geld für Vokabeltests. Dennoch ist der Impuls, hierher zu kommen, am Ende wahrscheinlich immer der gleiche. Es ist der Traum von Paris. Der Traum davon, dass diese Stadt mehr als alle anderen auf der Welt Freiheit und Gleichheit bedeuten könnte. Die Freiheit, zu sich selbst zu finden. Ein poetisches Leben zu führen. Die Liebe zu finden. Seine Meinung äußern zu dürfen.

Das war schon so, als Heinrich Heine nach der Julirevolution 1831 in die „freieste" Stadt Europas zog, oder im 20. Jahrhundert von Diktaturen verfolgte Südamerikaner. Josephine Baker kam mit diesem Traum und Ernest Hemingway. Und heute ist es immer noch so. Es ist ein anderer Traum als der „If you can make it here, you can make it everywhere"-Traum von New York. „Es" zu schaffen bedeutet in Paris nicht, zu Geld zu kommen. Die Anerkennung der Pariser kann man sich nicht kaufen. „Pfffft!" würden sie machen, wenn man es versuchte, und einen nie wieder anschauen. Ein Volk, das noch immer stolz darauf ist, seinem verschwenderischen König den Kopf abgeschlagen zu haben, ist so leicht nicht zu haben. Auf der anderen Seite macht das die Sache natürlich unendlich viel komplizierter. Aber eins zumindest hatten wir alle, die sich hier fünf Tage die Woche wieder auf die Schulbank setzten, schon begriffen: Die Eroberung von Paris beginnt mit der Sprache.

Aber wie erobert man, wenn man permanent das Gefühl hat, sich mit eben dieser Sprache auf dem Niveau eines Kleinkindes zu bewegen, das soeben die Phase der Ein-Wort-Sätze überwunden hat? Als ich einmal in der alten Bibliothèque Nationale der etwa hundertjährigen Empfangsdame bei ihrer sehr detaillierten Beschreibung von Öffnungszeiten und Ausleihmodalitäten lauschte – ich verzichte hier auf eine Wiedergabe – und an einem Punkt einzuwerfen wagte, dass ich es nicht ganz und gar verstanden hätte, da nickte sie majestätisch, als habe sie nichts anderes erwartet, und sagte: *„C'est pas grave"* – „Macht nichts". Und wandte sich, ohne einen weiteren Moment an mich zu verschwenden, dem nächsten Besucher zu. Bis heute habe ich kein einziges Buch aus der BN geliehen. Stattdessen ging ich fortan in die Bibliothek des Centre Pompidou und redete mir ein, das sei der *place to be*.

Ich rief Georg an, klagte ihm mein Leid und bat ihn, mir eine französische Grammatik zu schicken, auf Deutsch versteht sich. Er hatte kein Mitleid, aber eine Woche später landete ein großes Paket für mich bei der Concierge. Es enthielt die gewünschte Grammatik – und ein Kilopaket Schwarzbrot. „Damit du bei Kräften bleibst", schrieb Georg. Ich antwortete: „Ja, Mama", war aber trotzdem gerührt.

Mit der deutsch-französischen Grammatik setzte ich mich, so oft es ging, in den Jardin du Luxembourg, in den sich schon Maria de Medici zurückgezogen hatte, nachdem man ihren Mann König Heinrich IV. ermordet hatte. Dort saß ich oberhalb des Bassins, beobachtete Kinder, die ihre Spielzeugsegelboote aufs Wasser setzten, und verliebte Touristen. Irgendwie hatten die Kastanienbäume es doch noch geschafft, pünktlich im Mai zu blühen, und plötzlich schien Paris ein wenig freundlicher geworden.

Französisch für Anfänger I

ManredetunglaublichschnellundohnePunktundKomma etwadreißigSekundenlangaufjemandeneinunddann – bricht der Satz abrupt ab, man hält jedoch mit einem Geräusch den Satz in der Luft, um anzudeuten, dass die nächste Wortkaskade bereits in Vorbereitung ist. Damit sollte man allerdings keine Millisekunde zu lange warten, denn nichts liebt der Pariser mehr, als seinem Gegenüber das Wort wegzuschnappen.

Übrigens wird keines dieser Worte auch nur annähernd so geschrieben, wie man es ausspricht. Das Einzige, was einen da tröstet, ist das Wissen, dass selbst französische Grundschüler bei Diktaten regelmäßig die Fassung verlieren.

Kommen wir zur Grammatik: Es gibt 22 Konjugationsmöglichkeiten und ungefähr 300 Regeln. Und zu jeder etwa zwei Dutzend Ausnahmen. Weshalb man sich fragt, warum dann nicht die Ausnahmen die Regel sind und umgekehrt. Fragt man einen Franzosen, antwortet er: „*C'est comme ça*. So ist das eben."

Juni – Aufbrüche

2. Kapitel, in dem ich beschließe, auf eigenen Füßen zu stehen, die Hölle durchquere und sich alles ändert.

Erkenntnisse: Franzosen wohnen anders und schuld sind die alten Römer.
Aufgabe des Monats: eine Wohnung finden.

ALLES ÄNDERTE SICH, ALS ICH ALIX KENNEN LERNTE. Und natürlich Jean-Luc, Kitty und Paul. Aber vielleicht sollte ich anders anfangen:

Alle hatten mich gewarnt. Es sei die Hölle, es sei unbezahlbar, es sei Krieg. Ich hatte es nicht geglaubt. Immerhin ging es nur darum, eine Wohnung zu mieten, und nicht darum, sagen wir, im Bristol einen Tisch für Silvester zu ergattern oder eine Premierenkarte für die Comédie Française. Außerdem hielt ich mich für eine aus Vermieterperspektive vollständig begehrenswerte Bewerberin: gebügelte Bluse, Nichtraucherin, Single, keine Tiere – was könnte man sich mehr wünschen? Gut, ich hatte keinen festen Job und war Ausländerin. Aber davon wimmelte es in Paris. Die mussten ja schließlich auch irgendwo wohnen.

Von den „Dramen" bei Arnaud und Isabelle hatte ich jedenfalls endgültig genug. Ich würde mir unauffällig etwas Eigenes suchen und dann ausziehen. Sie wären unendlich gekränkt, klar – „Es gefällt dir bei uns nicht?!" –, aber es musste sein. Bis zum letzten Akt von „Du-kümmerst-dich-nicht-um-mich-und-die-Kinder-hast-du-eine-andere? – Du-hast-eine-andere! – Ich-lasse-mich-scheiden!“ würde ich es ganz sicher nicht aushalten, falls dieser letzte Akt überhaupt je käme.

Ich wäre dann jedenfalls längst *chez moi*. Mit ein bisschen Glück sollte das möglich sein. Dachte ich.

„Eine Wohnung! In Paris!“ Gaetanos Augenbrauen kamen kurz vor seinem schütteren Haupthaar zum Stehen. „Hast du eine *carte de séjour*?[6] Eine *carte de garantie*? Eine *lettre de recommandation*? Eine Berechtigung für ein *H. L. M.*?“

„*Pardon?*“

„Ah! Vergiss es. Komplett unmöglich.“ Ich schaute flehentlich. Ein leichtes Schulterzucken seinerseits: „Versuch's mal mit den Kleinanzeigen *particulier à particulier*. Da hat man manchmal Glück und findet ein Zimmer. Im besten Falle sogar ein Studio. Aber die Wohnung kannst du vergessen.“

Eine Stunde später saß ich mit einem roten Stift und allen Pariser Magazinen und Zeitungen, die der Kiosk an der Place de Ternes im Angebot hatte, beim Apéro auf der Terrasse des Café Dada und las:

„Möbliertes Zimmer, Nähe RER B Denfert. WC auf der Treppe, keine Dusche, 7. Etage, kein Fahrstuhl, ruhig. 380 € plus Strom.“

„Chambre avec vue, 15 qm, proche banlieue, 520 €.“

---

[6] Seit 2003 benötigen EU-Bürger in Frankreich generell keine *carte de séjour* mehr und müssen auch keine Arbeitserlaubnis beantragen. Für Studenten gelten besondere Bedingungen, wenn sie länger als drei Monate bleiben.

„Schönes Studio, möbliert, 40 qm, Kitchenette und Badezimmer, fünfte Etage ohne Fahrstuhl, Métro Sèvres-Lecourbe. 800 € pro Monat. Strom und Versicherung extra."

„Studio, ca. 20 qm. Sonnig, Südseite. Sauberes Haus, Fenster zum Hof. Sechste Etage ohne Fahrstuhl. Nähe Métro Jaurès. 620 €, plus Nebenkosten."

So ging das seitenlang weiter. Grob vereinfacht hatte ich genau zwei Möglichkeiten. Entweder: ein kleines Vermögen zu zahlen für zwanzig Quadratmeter Hinterhaus unterm Dach. Oder: ein kleines Vermögen zu zahlen für anderthalb Zimmer in den Vororten. *„Proche Banlieue"* heißt das etwas beschönigend, aber wenn irgendwo die drei Buchstaben RER auftauchen, dann bedeutet das mindestens eine halbe Stunde Zugfahrt. Die RER (ÄR-Ö-ÄR, Profis sprechen das mit gespitzten Lippen und, wie sich versteht, in einem Affenzahn) ist nämlich der Pariser Pendlerzug, der als Pendant zur Metro jeden Tag hunderttausende von Menschen in den Bauch von Paris befördert. Ein Streik bei der RER würde vermutlich die halbe Stadt lahmlegen.

Aber war ich nach Paris gekommen, um „Pendlerin" zu werden? Um morgens und abends in Gegenwart übermüdeter Familienväter und Marionnaud-Verkäuferinnen wertvolle Zeit zu verschwenden?

„Ich muss laufen, *le dernier métro*, die letzte Metro!" war ein Satz, den ich oft sagen wollte.

„Excusez-moi, ich muss den RER noch erwischen" passte definitiv nicht in das Repertoire mondäner Sätze, das ich mir für mein Leben als Pariserin zurechtgelegt hatte.

Bon, ich würde also *avaler la pillule*, in den sauren Apfel beißen, und mir eine Abstellkammer für 700 Euro mieten. Oder ein Studio. Den Ausdruck kannte ich schon. Studio ist ein Euphemismus, wie er nur in Paris erfunden werden konnte. Es handelt sich dabei um nichts anderes als ein größer geratenes Zimmer, meist liegt es unterm Dach. Dann sagt man auch *chambre de bonne*. Früher lebten dort Dienstboten, Verkäuferinnen und Küchenmädchen. Zu mehreren, versteht sich. Heute haben schlaue Hausbesitzer in diese *bonnes chambres* Küchenzeilen, Toiletten und meist etwas wacklige Duschkonstruktionen eingebaut; dazu eine elektrische Heizung – *et voilà*: un studio.

17. Arrondissement. Eine typische Pariser Straße. Sechsstöckige Mietshäuser aus dem 19. Jahrhundert, ein Bäcker, ein *traiteur*, ein Laden für Nagelmodellage (es kann auch ein Geigenbauer, ein Hundecoiffeur oder eine Eisenwarenhandlung sein – auf jeden Fall irgendeine Art von Geschäft, das in deutschen Städten längst keine Existenzgrundlage mehr hätte). Schon beim Einbiegen in die Straße, in der mein künftiges Zuhause sein soll, sehe ich es: ein verdächtiges Knäuel von Menschen. Sie gehören zu der bemitleidenswertesten, am meisten gedemütigten Spezies, die ich kenne. Es sind Wohnungssuchende. Die ersten treffen etwa eine Stunde vor dem angekündigten Termin ein. Erstens um die Plätze in Türnähe zu besetzen, zweitens der sich eventuell bietenden Chance wegen, ein paar vertrauliche Worte mit dem Makler zu wechseln. Manche versuchen es auch mit ein paar Scheinen. Ich bezweifle, dass irgendeine Methode zum Erfolg führt. Andererseits: Irgendwie muss man sich schließlich positiv von der Masse der geschätzten 65 Mitbewerber abheben.

Kurz vor dem Termin sind die meisten schon da. Eine zusammenhanglose Gruppe von Menschen, die möglichst unbewegt in die Abendluft oder ihre Zeitung starrt. Das soll heißen: Ich habe es wirklich überhaupt nicht nötig, aber ich sehe mir das Studio trotzdem mal an.

In der Nähe schlägt eine Kirchenglocke, die Spannung steigt spürbar. Fünf Minuten vergehen, zehn, fünfzehn. Um zwanzig nach erscheint plötzlich ein kleiner Mann mit Klemmbrett. Er ignoriert alle komplett, lässt dann aber doch das Eingangstor offen, damit die Masse auch hinein kann. Es folgt ein kleiner Plausch mit der Concierge. *„Bonsoir Madame!" „Bonsoir Monsieur!" Ça va?* Wie geht's? Was machen die Kinder? Was für ein schöner Tag heute, nicht wahr, und das so früh im Jahr?! Etc. etc. Irgendwann sind alle wichtigen Neuigkeiten ausgetauscht, und Monsieur schreitet wie zufällig über den Hof in Richtung einer uralten braunen Tür. Eine Holzstiege führt aufwärts. Sie ist so schmal, dass hier – politisch korrekt oder nicht – übergewichtige Bewerber bereits ausscheiden würden. Vielleicht ist diese Vermietungspraxis aber auch nur eine weitere Art, sich die Amerikaner vom Leibe zu halten. Wie dem auch sei, die Frage des Möbelkaufs erledigt sich an dieser Stelle ebenfalls. Mehr als einen Futon hier hinauftransportieren zu wollen, wäre Wahnsinn.

Während unten das letzte Schaf der Herde die erste Stufe betritt, eilt Monsieur fünf Etagen höher bereits einen schmalen Flur entlang. Irgendwo wird eine Tür geöffnet, er stellt sich an den Rahmen und wedelt mit unbewegter Miene die Leute ins Zimmer. Er könnte auch an der Madeleine stehen und den Feierabendverkehr regeln, es wäre ihm genauso gleichgültig.

Der Raum, in den ich mit einem Dutzend anderer Leute geschleust werde, hat vielleicht fünfzehn Quadratmeter. Am Boden liegt ein hellbrauner Teppich. Jedenfalls halte ich ihn für hellbraun. Bis ich eine Stelle entdecke, an der früher offenbar ein Möbelstück stand. Da ist der Teppich weiß.

Die Küchenzeile – hier sagt man Kitchenette – ist orangerot, und anscheinend gehört es nicht zu den Mietkonditionen, diese beim Auszug geputzt zurückzulassen. Die Dusche ist eine große Plastikkabine, aus der laute Schmatz- und Gurgelgeräusche ertönen, als jemand auf die Idee kommt, das Wasser aufzudrehen.

Realistisch betrachtet ist das Ganze eine Zumutung. Allerdings eine, die 650 Euro pro Monat kosten soll, Strom extra. An der Tür steht Monsieur und verteilt gelangweilt die Bewerbungsbögen. „Nein, danke", sage ich im Hinausgehen. Sein mitleidiger Blick verfolgt mich noch bis auf die Straße.

„Hier ist das Waschbecken, das WC wäre dann am Gang."

„Eine Dusche? *Désolé*, aber eine Dusche ist hier nicht vorgesehen."

„Nein, die Renovierung ist noch nicht vollständig abgeschlossen. Aber wir rechnen jede Woche damit."

„Das Zimmer hat früher meinem Sohn gehört. Die Einrichtung müsste natürlich übernommen werden."

„Weißt du, es ist uns wichtig, mehr als nur eine Wohngemeinschaft zu sein."

Irgendwann war ich bereit, aufzugeben. Sie hatten alle Recht gehabt: Es war die Hölle, es war unbezahlbar, es war Krieg. Eher war ich bereit, die ehelichen Dramen à la Isabelle zu ertragen. Ich hatte hunderte von Kilometern zurückgelegt, mir in Erwartung von Vermietern und Maklern die Beine in den Bauch gestanden, hatte Wohngemeinschaften besichtigt und schließlich ein völlig neues Vokabular erlernt:

„Ruhig gelegenes Appartement" bedeutete: Lernen Sie die Qualität ländlicher Vororte kennen.

„SdD" hieß vordergründig Duschbad, eigentlich aber: Toilette am Gang.

„Leicht renovierungsbedürftig“ meinte „Investieren Sie in eine Grundsanierung“.

Und wenn ein Studio als *„coquet“* umschrieben wurde, dann konnte man sich innerlich auf eine winzige Dachkammer einstellen.

Das alles für Summen, mit denen ich zu Hause halbe Paläste hätte anmieten können. Am meisten aber erschütterte mich, dass sich niemand darüber aufzuregen schien. Da waren erwachsene Menschen, oft jenseits der dreißig, mit mehr oder minder gesichertem Einkommen, vollkommen einverstanden damit, auf einem Niveau zu wohnen, das man in Deutschland allenfalls während seiner Jahre als Student zu akzeptieren bereit war. *„C'est comme ça.* So ist das eben“, sagte einer, den ich angesprochen hatte, als ich ihn zum dritten Mal unter den Bewerbern für ein „hübsches Studio“ entdeckte. „Man wird sehen“, meinte er. *„On verra.“* Auch so ein Pariser Lieblingsausdruck.

Am Ende funktionierte es wie meistens in dieser Stadt: Ich bekam einen Tipp. Jemand kannte jemanden, der jemanden kannte, der etwas gehört hatte. Und so wählte ich eines Abends eine Telefonnummer im Burgund. Dort hielt sich Monsieur Jacques Piceur, Besitzer einer, wie man mir gesagt hatte, gewaltigen Wohnung im 8. Arrondissement auf. Ein Pariser, der seiner Stadt „endgültig“ den Rücken gekehrt hatte, aber dennoch nicht ganz von ihr lassen konnte, weshalb er seine zweigeschossige Dachwohnung unweit der Opéra Garnier weiterhin unterhielt. Um dem ökonomischen Irrsinn wenigsten etwas entgegenzuhalten – oder vielmehr der Meinung seiner Frau, man werfe unnütz Geld zum Fenster hinaus –, vermietete er einfach ein paar Zimmer unter, schwarz, versteht sich, und am liebsten an junge Menschen. Erstens sparte er sich auf diese Weise lästigen Kontakt mit dem

Finanzamt, offizielle Einnahmen wären schließlich zu versteuern gewesen, und zweitens konnte er so einigermaßen sicher sein, sich keine Dauermieter ins Haus zu holen. Von der Aussicht, eine Deutsche zu beherbergen, war er regelrecht begeistert. Während er anscheinend telefonierend durch seinen burgundischen Garten stiefelte, erzählte er mir die reichlich verwickelte Geschichte seiner Deutschland-Affinität. Da es aus dem Hörer sehr rauschte, verstand ich nicht ganz, ob es um den Ersten oder den Zweiten Weltkrieg ging oder doch um einen Studienaufenthalt seiner jüngeren Tochter. Am Ende jedenfalls hatte ich eine Adresse und einen Türcode notiert und würde sofort einziehen können. Ich solle mich an Jean-Luc halten, so Monsieur. Der wisse Bescheid, sei ein hoch talentierter Nachwuchswissenschaftler und außerdem *„un grand organisateur“* und würde mir alles zeigen. *„Bonne Chance!“*, schrie er zum Abschied, und ich dachte, dass noch mehr Glück, als ich gerade gehabt hatte, eigentlich nicht nötig wäre. Vergessen Sie also jetzt Arnaud und Isabelle, sie haben ja eigentlich sowieso keine Rolle gespielt.

„Oui?“

Die schwere Holztür öffnet sich gerade so weit, dass ein paar ungekämmte Locken und eine Brille sichtbar werden.

Es hatte vielversprechender begonnen. Der Türcode, der in Paris an den meisten Häusern die Klingel ersetzt, funktionierte,[7] und das ehemalige Kutschentor öffnete sich zu einem großen Hof. Der seitliche Aufgang war mit Blumenkübeln

---

7 Wer darin keine Übung hat, tut gut daran, die diversen Codes irgendwo zu notieren. Es gibt nichts Unangenehmeres, als nachts auf dem Weg zu einer Party vor verschlossener Tür zu stehen.

geschmückt, marmorne Treppen führten hinauf. In der Eingangshalle warfen mannshohe Spiegel einem das eigene Bild hundertfach zurück und machten mir, die ich in Jeans und Turnschuhen auf dem grünen Läufer stand, unmissverständlich klar, dass dieses nach Politur und Bienenwachs duftende Treppenhaus für andere Menschen aus anderen Zeiten gebaut worden war. Für raschelnde Seidenroben war es gemacht und Damen, die einen letzten prüfenden Blick auf ihre selbstverständlich wundervolle Erscheinung werfen konnten. Oder Herren, die auf dem Weg zu ebensolchen Damen noch schnell ihren Schnurrbart glattstrichen, um dann zwei Stufen auf einmal nehmend die breite Treppe hinaufzueilen. Einer wie der Dichter Charles Baudelaire hätte gut hierher gepasst, mit seinem schönen Zylinder und einem am Knauf von Elfenbein verzierten Spazierstock. Oben angekommen hätte er dann bereits an der Türschwelle einen Vers hingeworfen – „In ihrem Kleid, das wie Perlmutter schimmert, scheint sie zu tanzen, selbst wenn sie nur geht …“[8] – und die Damen wären dahingeschmolzen.

Leider habe ich in diesem Moment keinen Baudelaire parat, und selbst wenn wäre zu bezweifeln, dass mein Gegenüber wenigstens mal die Tür aufmachte. Ich versuche es ganz konkret mit: „Hallo, ich bin die Neue. Bist du Jean-Luc? Monsieur Piceur sagte, du wüsstest Bescheid, dass ich komme.“

Stöhnen im Türspalt. „Moment, ja. Augenblick.“

Bienvenue, denke ich und warte, bis er wieder auftaucht.

„Entschuldige, komm rein. Ich musste nur eben Paul ins Zimmer bringen.“

???

---

[8] Aus: Les Fleurs du Mal, In ihrem Kleid (1857).

„Mein Kater. Er fällt sonst immer die Treppe runter."

„Er fällt die Treppe herunter?"

„Er ist keine normale Katze, weißt du. Er ist ein bisschen krank. Ihm fehlt der Gleichgewichtssinn."

Na fein, denke ich, deine neuen Mitbewohner sind ein kommunikationsgestörter Nachwuchswissenschaftler und eine behinderte Katze, und offenbar ist niemand über deine Ankunft informiert.

„Tja, also, das kommt öfter vor. Er vermietet immer, ohne uns Bescheid zu sagen. Aber du hast Glück. Im Moment sind sogar zwei Zimmer frei."

Eines dieser Zimmer wurde also meines. Es hatte Parkettboden, und wenn ich morgens die Augen öffnete, konnte ich in der Ferne den Eiffelturm sehen. Ich glaubte mich im Paradies. Zwar ließ sich der gewaltige Kleiderschrank aus Nussbaumholz nicht öffnen, und die beiden bröseligen Ölgemälde an der Wand – die vermutlich Piceur'sche Urahnen darstellten – waren der Angsttraum eines jeden Restaurators, aber ich fand das alles wahnsinnig romantisch. Ich schob meinen Koffer *unter* den Schrank und Jean-Luc, der wahrscheinlich ähnlichen Kummer gewohnt war, brachte mir kommentarlos einen „stummen Diener", auf dem ich allabendlich meine Kleidung für den kommenden Tag vorbereitete. Als mir einmal eine Münze herunterfiel und unter das riesige Doppelbett rollte, fand ich dort zwischen urzeitlichen Staubschichten einen alten Militärorden, auf dem die Jahreszahl 1918 eingraviert war. Aber da kannte ich Monsieur Jacques schon und wunderte mich über gar nichts mehr.

Der Rest der Wohnung: gewaltige Möbel, japanische Holzschnitte, chinesische Vasen, provençalische Stoffe, abgewetzte Perserteppiche. Kurz: der Sieg der Patina über das Neue. Nichts passte wirklich zusammen, aber zusammengenommen passte alles wunderbar. Ich kannte in Deutschland Menschen, die hielten für so eine scheinbar zufällige Mischung von Zeiten und Stilen ihren schwulen Innenarchitekten monatelang auf Trab. Hier hatte die Tatsache, dass sich seit mindestens achtzig Jahren niemand fürs Aufräumen interessiert hatte, von ganz allein dazu geführt. Einmal staubsaugen und die Casa-Vogue-Redakteurin wäre in die Knie gegangen. Aber das war eben genau der entscheidende Punkt: Es wurde nicht gesaugt. Es handelte sich um jene großbürgerliche – und zutiefst französische – Schlamperei, die nur Nationen hervorbringen können, in denen der Protestantismus nie eine Chance hatte. Gaetano war anderer Meinung: „Es liegt an den Römern!", sagte er. „Nur dort, wo die alten Römer waren, konnten die Menschen ein gelassenes Verhältnis zu Gelage und Müßiggang entwickeln. Ihr Germanen hattet leider nie eine richtige Chance." Ich widersprach nicht. Schließlich war Gaetano Römer, und er hatte es auch nicht leicht unter all den Franzosen.

„Willkommen in der Zivilisation. Ich hoffe, du bist verrückt genug, es mit uns auszuhalten."

Sie hatte mich. Ihre Stimme kreiselte durch mein Ohr direkt ins Herz und noch ehe ich mich versah, hatte ich mich an meinem ersten Abend in der Rue du Rocher in Alix verliebt. Nicht so, wie Sie jetzt vielleicht denken. Es war anders. Man musste Alix einfach lieben, und ich glaube, alle taten das.

So ist Alix: lange blonde Mähne, Stupsnase und Sommersprossen. Ihr Hintern hat genau das bisschen Zuviel, das Männer verrückt macht. Obenrum ist es genauso. Sie sitzt in der Küche und zündet sich eine Zigarette an. Die nackten Beine legt sie auf dem Stuhl gegenüber ab. Sie bläst Rauch in die Luft und sagt: „Wenn ihr wüsstet, was ich heute wieder für einen Schrott verkauft habe. Aber der Typ wollte unbedingt 10 000 Kröten ausgeben. ‚Junger Nachwuchsmaler', habe ich ihm vorgeschwärmt. ‚Total Zen', habe ich behauptet. Kunstmarkt, nennt man das. Pffft! Die können sich gleich alle in den Bois de Boulogne stellen." [9]

So ist Alix. Sie verachtet ihre Kunden und beschert dem Galeristen, für den sie arbeitet, trotzdem massenhaft Prozente. Sie hat immer ein Buch von Simone de Beauvoir bei sich – „Damit wir nicht vergessen, wie man Feminismus richtig schreibt." – und verbringt dennoch drei Stunden im Bad, um sich ausgehschön zu machen. Sie ruft nie jemanden zurück, und trotzdem klingelt ständig ihr Telefon. Sie könnte zehn Männer haben und will aber keinen. Alix ist schlampig, paradox, liebenswert und schön. Alix ist Pariserin durch und durch.

Aber zurück zu unserem ersten Abend. Stellen Sie sich ein Gruppenbild vor. So einen Schnappschuss, den man in der Küche macht, wenn alle um den Tisch herum sitzen: Die runde Korblampe ragt ins Bild, jemand hat eine Flasche Roten geöffnet, Wassergläser. Ganz links, das war also Alix. Nun zu Jean-Luc. Er war Kunsthistoriker und arbeitete im Stadtmuseum. Und genau so sah er auch aus. Sein bevorzugtes Kleidungsstück war der Pullunder, seine Zeitung „Le Monde", das Vademecum der seriösen Mitte. Er war einer von diesen ernsthaften jungen Männern, die außerhalb von Archiven und Bibliotheken immer ein wenig deplatziert wirken.

---

[9] Im Stadtwald Bois de Boulogne geht man neben diversen Freizeitbeschäftigungen auch dem „leichten" Gewerbe nach. Daher kann es einem beim sonntagnachmittäglichen Jogging durchaus passieren, dass einem mitten im Grünen plötzlich eine Dame im roten Lack-Ensemble gegenübersteht.

Was dazu führt, dass man sie leicht unterschätzt. Außer Kater Paul schien er an niemandem besonders zu hängen. Er hatte ihn vor ein paar Jahren geschenkt bekommen, als kleines rundes Fellknäuel, das immer lustig über den Boden kullerte. Erst später stellte sich heraus, dass Paul selten mehr als zwei Meter geradeaus gehen konnte. Eine angeborene Gleichgewichtsstörung verhinderte ein normales Katerleben auf den Dächern von Paris. Deshalb musste man immer darauf achten, Fenster und Türen geschlossen zu halten, sobald Paul in der Nähe war. Mir schienen beide, Kater und Jean-Luc, ein wenig anstrengend, weshalb ich etwas zögerlich zusagte, als Letzterer mich einlud, ihn doch mal im Musée Carnavalet zu besuchen. *„Métro Saint-Paul"*, sagte er. „Das ist leicht zu merken. Du musst nur an den Kater denken."

„Uh, la barbe!",[10] machte Alix. „Geh da bloß nicht hin, das gibt eine dicke Staublunge."

Jean-Luc schwieg beleidigt. Alix kicherte. Dann sagte sie: *„Alors, je suis crevée! Je me sauve."*[11]

Am nächsten Tag wollte ich mich der Concierge vorstellen. Ich dachte, das wäre besser so. Immerhin gab es in diesem Haus noch eine. Im Unterscheid zu vielen ihrer Kolleginnen, die heute oftmals aus Portugal stammen, war Madame aufrechte Französin. Wie Napoleon III. im Hauskittel thronte sie in ihrer lichtlosen Loge im Erdgeschoss und war recht ungehalten darüber, dass ich ihre morgendliche Lektüre des „Parisien" unterbrochen hatte. Als sie aber hörte, dass ich die neue Untermieterin von Monsieur Piceur sei, taute das Eis. So ein netter Vermieter, da hätte ich Glück gehabt, und Made-

---

[10] La barbe: der Bart. Heißt so viel wie: „Das ödet mich an. Das ist total langweilig."

[11] „Also dann, ich bin kaputt. Ich zisch ab."

moiselle Alix so reizend und so ein anständiges Quartier, auch wenn man in letzter Zeit immer mehr Ausländer im Viertel sehe ...

Ich war sprachlos. Abgesehen davon, dass sie offenbar übersehen hatte, dass ich ja auch eine Ausländerin war, überraschte mich dieser freundliche Rassismus dann doch.

„Niemand ist Rassist", erklärte Gaetano. „Aber versuch mal, als Nichteuropäer ein Zimmer zu bekommen."

„Du willst sagen, es ist NOCH komplizierter?"

„Sagen wir so: Die Franzosen sind Meister der Verdrängung. Probleme gibt es nicht, es sei denn, jemand zündet ihr Auto an."

„Aber es leben Dutzende Nationalitäten in dieser Stadt. Das ist doch paradox."

„Stimmt. Aber komm mit, ich zeig dir was!"

Wir spielten das alte Spiel. Diesmal ging die Reise zum Parc Monceau.

Der Parc de Monceau ist vielleicht nicht der größte, aber bestimmt einer der schönsten Parks von Paris. Er liegt im 8. Arrondissement. Émile Zola ließ „Nana" hier wohnen, die aufgestiegene Kurtisane, die mitsamt ihrer verschwenderischen Zeit untergehen würde. Doch die riesigen Villen und prunkvollen Mietshäuser stehen noch heute, und es lebt sich sehr angenehm auf der Plaine Monceau. 1772 glückte hier der erste Fallschirmabsprung der Geschichte, es gibt ein paar pittoreske Renaissance-„Ruinen" – in Wahrheit handelt es sich um ein Fragment des im Jahre 1871 niedergebrannten alten Pariser Rathauses – und der künstliche Wasserfall ist ein äußerst beliebter Hintergrund für Hochzeitsfotos. Ich mag diesen Park vor allem wegen seines „englischen" Stils, der ausnahmsweise einmal nicht verlangt, alles, was auch nur im Entferntesten nach Pflanze aussieht, zu einer Kugel oder einem Würfel zurechtzustutzen.

„Was siehst du?", fragte Gaetano, als wir auf der Hauptallee der Abendsonne entgegenspazierten. Was ich sah, schien mir nicht bemerkenswert, man konnte dieses oder ein ähnliches Bild um diese Zeit in beinahe jedem Pariser Park finden: Jogger, die sich auf den asphaltierten Wegen die Knie ruinierten, Rentner mit und ohne Hund, Menschen mit Aktentaschen, die ihre Abendzeitung lieber im Grünen lasen, Studenten, die Nasen in Büchern, und, vor allem, Kinder. Da die Parks der Stadt zu den seltenen Orten gehören, an denen man Kinder halbwegs unbesorgt sich selbst überlassen kann, und die Franzosen im Gegensatz zu uns sich bislang über Nachwuchs keine Sorgen machen müssen, war hier dementsprechend einiges los. Sie taten das, was Kinder so tun: schaukeln, rutschen, Unruhe stiften, das alles jedoch auffallend adrett gekleidet. Kleine Monsieurs, die sich mit Sand bewarfen.

„Ja, ja", unterbrach mich Gaetano ungeduldig. „Das ist jetzt nicht das Thema."

Aber da es spät wurde und die Kleinen nach Hause mussten, sah ich es nun auch: Keines dieser Kinder war mit seiner Mutter da. Alle wurden von munter schwatzenden Babysittern in Kinderkarren und auf Dreiräder verladen, und dann fuhren lauter farbige Frauen mit lauter weißen Kindern davon und gaben ein lustiges Bild der europäischen Realität ab.

„Voilà", sagte Gaetano. „Und du darfst mich jetzt zum Essen einladen. Ich kenne da einen tollen Kambodschaner in der Rue Thérèse. Auf geht's. *On y va!"*

Französisch für Anfänger II

Der Franzose übertreibt. Immer. Er sagt: *Je suis crevé!* – Ich bin krepiert – und meint: Ich bin müde. Er sagt: *Je t'aime* und meint nichts Besonderes damit. Er schimpft – auf die Regierung oder den Verkehr – dass man glaubt, er müsse eigentlich sofort auswandern, und wenn ihm jemand den Schirm klaut, dann ist das ein untrügliches Zeichen dafür, dass das Viertel bald zur Hochburg des organisierten Verbrechens werden wird. Zumal es mit „La France" sowieso immer weiter bergab geht. Französinnen sind da nicht anders. Falls Ihnen einmal eine begegnet, die *sa petite dépression* hat, dann steht in der Regel kein Selbstmord zu befürchten, sie hat bloß üble Laune.

Ähnlich ist es mit Urteilen: Filme, Schauspielerinnen, Männer, Modelabels, Musikgruppen, Ferienorte, Nachtclubs – egal was, es ist alles, nur nicht *egal*. Die Dinge sind entweder *top du top, le max(imum)* und *hallucinant*, oder *la barbe, nul comme truc* und *complètement off-road*. Vom einen Ende der Skala zum anderen ist es meist nicht weit, vor allem, wenn es sich um so flüchtige Dinge wie Mode und Starkult handelt, und die Art und Weise, in der die Pariser verkünden: *C'est fini ça! C'est dépassé!* ist ebenso grausam wie unwiderruflich. Zwischen den Extremen gibt es nichts, es sei denn, man verfolgt eine ganz spezielle Absicht. Aber das ist die Ausnahme. Der weniger sanguinische Nordeuropäer tut sich schwer damit. Am besten gibt man auf Katastrophenmeldungen und düstere Zukunftsprognosen nicht allzu viel, zumal es gut sein kann, dass der Gesprächspartner beim nächsten Mal seine Meinung von gestern schon geändert hat. Alles halb so wild, belebt aber das Gespräch. Und nichts liebt man in Frankreich mehr als eine deftige, emotional wie rhetorisch hoch entwickelte Diskussion.

Juli – Der Pudel von Paris

3. Kapitel, in dem ich den Mittelpunkt der Welt entdecke, Hitler die Opéra Garnier besucht und sich die Realität anschleicht.

Erkenntnisse: Unterwäsche ist Vertrauenssache.
Aufgabe des Monats: Wie komme ich zu Geld?

Unterdessen war es Sommer geworden. Die Luft duftete süß wie Akazien und im Jardin du Luxembourg konnte man an manchen Tagen Mitglieder des Senats dabei beobachten, wie sie mit hochgekrempelten Hosenbeinen ihre Füße in das kühlende Bassin tauchten. Auf der anderen Seite der Seine taten Touristen vor der Pyramide des Louvre das Gleiche. Die einen hofften auf die Ferien, die anderen hatten sie bereits.

Ich durchstreifte mein Viertel und lernte allmählich seine Eigenheiten und Grenzen kennen. Der Boulevard Haussmann zum Beispiel markierte eine Art natürlicher Barriere. Er ist benannt nach Baron Haussmann, dem Architekten von Napoléon III., dessen stadtplanerischen Eingriffe das repräsentative Paris überhaupt erst geschaffen haben. Niemand, der auf „unserer" Seite wohnte, schien diesen Boulevard je zu überqueren. Tat man es doch, traf man auf andere Menschen, andere Restaurants, ja selbst die Luft schien hier anders zu sein. Je näher die Kirche La Madeleine kam, desto größer wurden die Autos und die Geschäfte teurer. Der entgegengesetzte Weg zur Rue de Levis, wo bereits das 17. Arrondissement beginnt, war dagegen ein ganz selbstverständlicher, obwohl die Straße, die man in dieser Richtung überqueren musste, auch nicht viel schmaler war als der Boulevard Haussmann. Mit einer solchen Logik jedoch bräuchte ich den Parisern gar nicht kommen, wie Gaetano mir bei einem *crème* im Café Dada erklärte. „Du denkst zu deutsch", sagte er. „Das *quartier* ist eine Frage des Gefühls."

Erst viel später, als ich einmal auf dem Weg zu einer Abendeinladung in Saint-Germain einen Ziegenkäse kaufen wollte und partout keinen fand, der meinen Vorstellungen genügt hätte, begriff ich, was er meinte: Die Quartiers sind die wahren Orientierungseinheiten eines jeden Parisers. Die zwanzig Arrondissements der Stadt – Verwaltungsgrenzen, mehr nicht. Sie mögen für das Finanzamt praktisch sein und für die zwanzig *maires*, die Bezirksbürgermeister, die hier regieren. Aber dem Pariser ist das egal. Für ihn zählt nur „sein" Quartier, dort schlägt sein Herz, dort liegt der Mittelpunkt der Welt, und nur dort kann man es überhaupt noch aushalten. Sonst wäre man längst weggezogen, ins Périgord oder an die Côte d'Azur.

Meist handelt es sich um wenige Straßenzüge, in denen man alles findet, was man zum (Über-)leben braucht: die *Boulangerie*, den *Traiteur*, die *Épicerie*, die *Fromagerie*, einen Schuster, eine Wäscherei, vielleicht einen kleinen Markt. Wie das kleine gallische Dorf einst den Römern leistet das *Quartier* heute gefühlsmäßigen Widerstand gegen die Autos, die Fremden, die Hitze, die Anonymität, den erhöhten Pulsschlag der Weltstadt – all das, was einem entgegenschlägt, sobald man sich weiter hinauswagt. Selbstverständlich ist und bleibt ein Pariser ein Pariser, doch wirklich zu Hause fühlt man sich nur in jenem Geviert von Straßen, in dem einen der Metzger mit Namen grüßt und der Kioskbesitzer einem das letzte Exemplar der „Libération" zurücklegt.[12] Man verlässt diesen Ort, um zur Arbeit zu fahren oder ein Konzert zu besuchen, aber das, was ich mir vorgestellt hatte, dass die Pariser nämlich ständig die vielen großartigen Möglichkeiten nutzen, die ihre Stadt ihnen bietet, geschieht nicht. Als ich mich einmal von Jean-Luc verabschiedete mit den Worten, ich würde in den Jardin du Luxembourg fahren, sah er mich an, als hätte ich ihm soeben mitgeteilt, den Nachmittag am Nordpol verbringen zu wollen. „Wir haben wunderbare Parks hier in der Nähe!", rief er, an meinem Verstand zweifelnd. Gut, eine *Besichtigung*, das wäre ein Grund, eine solche Reise anzutreten, die noch dazu auf die andere Seite der Seine führte, aber im Alltag einen derartigen Aufwand zu treiben? Niemals. „Warum macht ihr das?", fragte ich ihn. „Ihr wohnt in der schönsten Stadt der Welt, aber ihr profitiert gar nicht davon."

„Eine Frage der persönlichen Ökonomie", antwortete er nach einer Weile. „Es ist auf Dauer einfach zu anstrengend, zwei Stunden unterwegs zu sein, um eine Stunde irgendwo anders zu verbringen. Du wirst sehen, bald geht es dir genauso."

Er hatte Recht. Es ist das Phänomen der Metropole: Während die Stadt sich an ihren Rändern beinahe unmerklich immer weiter ausdehnt, wie ein Baum, der Jahr um Jahr seine

---

12 Wie wichtig das Quartier für die Identifikation der Pariser ist, verstand ich erst einige Jahre später auf einer Silvesterfeier in Barcelona. Der Zufall hatte uns unter lauter Spaniern ausgerechnet neben ein älteres französisches Ehepaar gesetzt. Die *conversation* verlief eher schleppend – bis zu dem Moment, als ich meine Zeit in der Rue du Rocher erwähnte. *„Ah, oui!"*, rief die Dame aus. *„C'est notre quartier!"* Das Eis war gebrochen, und es wurde einer der lustigsten Abende, an die ich mich erinnern kann.

Ringe erweitert, so schränkt sich der Radius des Einzelnen im Laufe eines Lebens immer weiter ein. Je weniger Zeit da ist, weil man arbeitet und Kinder hat und sich sowieso schon täglich an der Supermarktkasse oder auf der Post die Beine in den Bauch steht, desto weniger Energie möchte man in so nervenaufreibende Tätigkeiten wie das Überqueren der Place de la Concorde oder das Besteigen einer überheizten Metro investieren. Vor allem: Wozu, wenn es doch den besten Ziegenkäse der Welt gleich um die Ecke gibt?! Kommt man ein wenig in den Quartiers herum, hat man bald eine lange Liste von Orten, an denen es „den Besten“ zu kaufen gibt. Und natürlich verhält es sich mit Gemüse, Fisch, Wachteln und Croissants nicht anders.

Sie sehen, Paris ist voll von den besten Dingen der Welt, auch wenn ich persönlich sicher bin, dass der großartigste aller Ziegenkäse bei Madame Beddour zu haben ist. Kitty ist da anderer Meinung. Sie schwört auf den Pouligny St. Pierre von Faucheron. Aber bei den *Millefeuilles* sind wir uns einig. Die kann man nur bei Ladurée in der Rue Royale erstehen. Nirgendwo sonst. Alles andere wäre ein Vergehen am guten Geschmack.

Kitty. Kitty ist unsere Nachbarin. Sie ist eine alte Freundin von Monsieur Jacques und bewohnt eine Etage höher ein „grand studio“ unterm Dach.

Kitty ist das Paris des schönen Scheins par excellence. Auf der Straße ganz *Grande Dame*, in Wahrheit aber besteht ihr Studio aus zwei winzigen Kammern mit Waschgelegenheit. Begegnet man ihr auf der Rue du Rocher, käme man nie auf die Idee, sie könne sich mit weniger als acht Zimmern zufriedengeben: Chanel auf den Lippen, die einst blonden Haare zu einem kleinen Dutt gezwirbelt, am Arm baumelt Luis Vuitton. In der Hand eine stets gefüllte schwarze Zigarettenspitze, beginnt ihr Tag gegen elf am Vormittag mit einem Gang durchs Quartier.

Um anschließend wieder in ihre eigenen vier Wände zu gelangen, muss sie den Fahrstuhl im Vorderhaus nehmen und dann unsere Wohnung durchqueren. Natürlich könnte sie auch über die Hintertreppe hinauf, aber das schafft sie nicht mehr. Kitty ist weit über achtzig und bereits etwas hüftsteif. Das würde sie allerdings niemals zugeben, sie sagt: „Lülü bekommt Atemnot."

Lulu – oder vielmehr „Lülü" – ist Kittys Pudel. Es gibt viele seiner Art in Paris. Paris ist die Hauptstadt der Pudel. Überall, wo man hinblickt, Pudel und Püdelchen. In allen Farben und Größen trippeln sie zierlich angeleint die Trottoirs entlang. Sogar die Dichterin Gertrude Stein, deren Leben alles andere als bürgerlich war, besaß einen, der auf den Namen Basket II hörte. Mit ihm spazierte sie in den 1920er Jahren des Nachmittags die Rue de Rennes hinauf. Allerdings war Basket ein riesengroßer Königspudel und entsprach somit nicht ganz dem typischen Pariser *Toutou*[13]. Es sind übrigens nicht immer echte Pudel. Vielmehr ist das Pudelsein eine Geisteshaltung.

Falls es ihre Größe erlaubt, werden die *Toutous* getragen, seitlich unter den Arm geklemmt, wie ein lebendes Handtäschchen. Von dieser Warte aus äugen sie dann in der Regel bösartig in die Gegend und bekläffen alles, was Frauchen zu nahe kommt. Es ist mir rätselhaft, aber jede alte Dame in Paris scheint einen davon zu besitzen. Sie heißen Minou, Daisy oder Fifi. Oder eben Lülü. Sie helfen gegen die Einsamkeit.

---

[13] Sprich: Tutu. Die Bezeichnung ist vergleichbar mit dem deutschen „Wauwau".

Auch Lülü ist wie seine Besitzerin nicht mehr der Allerjüngste, und zwischen seinen dünnen Minipli-Löckchen schimmert an manchen Stellen bereits etwas rosige Haut durch. Vielleicht ist er aber auch einfach zu oft gebadet worden, im *„Salon du chien"* ein Stück die Straße hinunter.

Niemand von uns mochte Lülü besonders, zumal er sich bei jeder Gelegenheit auf den armen Kater Paul stürzte, und der konnte ja nun wirklich nichts dafür. Kitty hingegen mochten wir alle. Ihr schauspielerisches Talent war enorm. Sie war in eine Art Blutfehde mit der Concierge verwickelt und konnte dieser das verachtungsvollste *„Bonjour MADAME!"* hinwerfen, das je in einer Pariser Concierge-Loge vernommen wurde, um schon im nächsten Moment mit dem süßesten Zwitschern einen Flirt mit Monsieur Delaroche aus dem Ersten zu beginnen. Da sie, eine kleine Aschespur hinterlassend, mehrmals täglich in unserem Flur auftauchte, ergab sich hin und wieder ein kleiner Wortwechsel.

„Bonjour, ma chère, ça va?"
„Bonjour Kitty! Oui, ça va. Et toi?"
„Ah, on s'défend! – Vas chez l'épicier aujourd'hui. Il y a des figues merveilleuses!"[14]

Allerdings hielt sie sich mit mir nicht länger auf. Auch Jean-Luc bekam von ihr nicht mehr zu hören als: „Sie müssen mehr ausgehen, junger Mann. Sie *lesen* zu viel! In Ihrem Alter habe ich keinen einzigen Abend am Küchentisch ver-

---

[14] Auf deutsch etwa: „Guten Tag, meine Liebe, wie geht es?" – „Guten Tag, Kitty! Danke, sehr gut. Und dir?" – „Ah, man schlägt sich so durch. – Du musst zum Gemüsehändler gehen. Er hat wundervolle Feigen heute."

bracht. Glauben Sie mir: Man ist nur einmal jung. Sie werden das bereuen."

„Paris kennt nur zwei Alter", murmelte er dann, Balzac zitierend, „die Jugend und das Greisentum; eine greisenfahle Jugend und ein jugendlich geschminktes Greisentum."

Mit Alix dagegen konnte Kitty bei jeder Gelegenheit plaudern. Dann erzählte sie lange Geschichten und kicherte manchmal wie ein junges Mädchen.

Nur hin und wieder gewährte sie auch mir einen Blick hinter ihre Fassade. So erfuhr ich peu à peu, dass Kitty Tänzerin gewesen war. Mit zehn Jahren hatte sie in der Ballettschule der Pariser Oper ihre ersten Schritte gewagt und fortan ihre Kindheit in der nach Samt, Staub und Puder riechenden Welt des Theaters verbracht. „Ich hatte Waden aus Beton!", behauptete sie und tippte mit der Schuhspitze ein paar angedeutete Schritte auf das Piceur'sche Parkett. *„Les Étoiles,* die Sterne von Paris, nannte man uns. Aber später ging es bergab mit der Opéra. Irgendwann buchten Touristenunternehmen zweihundert Plätze am Abend und tauschten während der Pause die Besucher gegen neue Gruppen aus." Sie schnaubte. „Denen ging es nur um das Deckengemälde von Chagall. Was auf der Bühne passierte, war völlig egal."

Ich hätte gerne mehr davon gehört, begriff aber schnell, dass Kitty diejenige war, die bestimmte, wie viel sie preisgab. Als ich einmal erwähnte, ich hätte das Gebäude der Opéra Garnier besichtigt, reagierte sie unerwartet heftig: „Das hat Hitler auch gemacht! Wusstest du das? Er war nur drei Stunden in Paris, aber das erste Ziel, dass er ansteuern ließ, war die Oper. Mitten in der Nacht. Der Wächter hat es uns erzählt, als wir am Morgen zum Training kamen. Man hat ihn herausgeklingelt, und dann hat euer Hitler das Haus besichtigt."

Ich hatte das nicht gewusst, und der junge Mann, der mich zusammen mit einem Haufen „Look – Great!" rufender Amerikaner durch den marmornen Säulenwald führte und uns darauf hinwies, dass sich der Bau allein einem missglückten Bombenattentat auf Napoleon III. vor der früheren Oper verdanke, hatte es auch nicht erwähnt. Was ich wusste: dass Adolf Hitler noch kurz vor Kriegsende den Befehl erteilt hatte, ganz Paris in ein Trümmerfeld zu verwandeln. Dass es nicht dazu kam, lag an seinem Statthalter General Dietrich von Choltitz, der sich schlicht weigerte, dieser Anordnung Folge zu leisten.

Zum ersten Mal seit meiner Ankunft spürte ich jetzt von Kittys Seite so etwas wie Misstrauen. Für Jean-Luc und Alix war ich einfach eine Ausländerin, die hier leben wollte, wie so viele andere auch. Kitty jedoch gehörte einer Generation an, die den Krieg gegen Deutschland miterlebt hatte. Trotzdem war sie es, die mich aus der Situation rettete: „Damals habe ich auch mein einziges deutsches Wort gelernt – *Kleingeld*, so sagt man doch, nicht war? Die Deutschen haben immer viel Wert aufs *Kleingeld* gelegt."

Ein Nachmittag im Juli. Die Realität schleicht sich an und wirft mir ein Problem vor die Füße. „Monsieur P. hat angerufen", teilt Alix mit, während sie in der Küche steht und so tut, als wasche sie ab. In Wirklichkeit lässt sie ein wenig lauwarmes Wasser in den klebrigen Spaghettitopf laufen, kippt einen Viertelliter Palmolive dazu, kreist zweimal mit der Spülbürste darin herum, und dann hat sich die Sache für sie. „Er kommt am Dienstag." Wenn unser Vermieter, den Alix konsequent nur „Monsieur P." nennt, anruft, bedeutet das, dass Zahltag ist. Zahltag ist immer dann, wenn Monsieur Lust hat, nach Paris zu kommen. Welches System hinter diesen Besuchen steckt, ist mir noch nicht ganz klar. Meistens ruft er ein paar Tage vorher an. Entweder, um uns die Chance zu geben, noch ein wenig aufzuräumen, oder um sicherzugehen, dass auch alle ihre Miete zahlen können. Bar versteht sich. Und damit sind wir bei meinem Problem: Damit das so weitergehen kann, brauche ich über kurz oder lang einen Job.

Alors, …

„Wir haben das Sortiment nach Farben geordnet, wie Sie sehen. Also Schwarz, Rot und Rosé-Töne auf dieser Seite, da drüben Weiß und Hautfarben. Saisonware auf den Ständern. Und dann nach Marken. Alphabetisch. Aubade, Cris-Cris, Dior, Lejaby, Malizia, Passionata …" Mir dreht sich der Kopf. Aber die Abteilungsleiterin schenkt mir keine Sekunde. Sie will in ihr Abteilungsleiterinnenbüro zurück. Dafür hat sie schließlich hart gearbeitet. „Und achten Sie bitte darauf, dass die Kundinnen ihren eigenen Slip anbehalten."

Also los. Wenn es weiter nichts ist. Ich trage eine Rose im Knopfloch und einen Sticker, auf dem steht: *„Bonjour,* ich bin neu hier. *Soyez patient/e, s.v.p.*" Ja, haben Sie bitte Geduld mit mir, ich habe nämlich noch nie Unterwäsche verkauft. Genau genommen habe ich überhaupt noch nie etwas verkauft. Aber wenn man noch immer mit dem korrekten Gebrauch des Subjonctif kämpft, sollte man keine allzu hohen Ansprüche stellen. Weiterkommen kann man immer noch. Schließlich hat auch Denise Baudu als kleine *Vendeuse* begonnnen und siehe, was aus ihr geworden ist.[15]

---

[15] Denise Baudu, Heldin aus Emile Zolas „Au Bonheur des Dames/ Das Paradies der Damen", Paris 1883. Nach 500 Seiten voller Abenteuer und Intrigen heiratet sie schließlich den Millionär und Kaufhausbesitzer Octave Mouret.

„Unterwäsche ist Vertrauenssache." Marie-Line steht auf ihrem Schild. Sie soll mich einarbeiten, nachdem Madame Abteilungsleiterin sich verabschiedet hat. „Es ist ganz einfach: Du gibst ihnen das Gefühl, ihre beste Freundin zu sein und sie gleichzeitig mit den Augen eines Mannes anzusehen. Die meisten Frauen haben ein Problem mit ihrem Körper. Du musst ihnen die Befangenheit nehmen. Jede hat irgendetwas, das schön an ihr ist. Mach ihnen das klar, und du hast gewonnen. Vor allem, wenn sie verheiratet sind." Wieso gerade dann? „Ach, Liebchen, daran merkt man, dass du noch jung bist." Später wusste ich es: Es kommt immer der Punkt, an dem eine Frau bereit ist, jeden Preis für ein paar Gramm Spitze zu bezahlen.

Marie-Line ist genau richtig hier. Weder zu jung noch zu hübsch, unauffällig gekleidet und in gewisser Weise absolut neutral. Sie ist klein und ein bisschen füllig und hat runde blaue Babyaugen. Man hat das Gefühl, sich jederzeit an ihre Brust werfen und alles Unglück dieser Welt herausheulen zu können. Aber blöd kommen darf ihr niemand, und wenn es doch jemand versucht, dann kann er (oder sie) was erleben. Diese Vorstadtgräfin mit der Hermès-Tasche zum Beispiel, die uns seit einer Dreiviertelstunde auf Trab hält und einen Riesenaufstand macht, weil angeblich alles „zu klein" ausfällt. Was irgendwie unsere persönliche Schuld ist. „Ein 46er Hintern passt nun mal nicht in Größe 42!", knurrt Marie-Line, rafft ein paar Teile zusammen und verschwindet mit honigsüßem Lächeln in der Kabine. Ein paar faustdicke Lügen später verlässt die Kundin unseren Bereich im Neubesitz einer unglaublichen Korsage, die sie aussehen lässt wie eine Mischung zwischen der späten Liz Taylor und dem von Christo verpackten Pont Neuf. Marie-Line lächelt maliziös: „Monsieur wird begeistert sein."

Nun also ich. Meine erste Kundin ist ein Mann. Er fühlt sich sichtlich unwohl, wie die meisten Männer, wenn sie von nichts anderem als Seidenhöschen und Spitzen-BHs umgeben sind. Wahrscheinlich haben sie Angst, jemand könnte sie für einen Spanner halten. Oder Schlimmeres. Ich kann Ihnen da nur versichern: Das Gegenteil ist der Fall. Wir freuen uns, wenn Sie Ihrer Frau / Freundin / Verlobten etwas Hübsches kaufen.

Meiner hier ist jedenfalls sehr nervös. Zwischen den Händen knautscht er eine zart fliederfarbene Seiden-Kombi, die ich ihm lieber schnell entwinde. Bevor er was kaputt macht. Leider hat er einen 36er Slip mit einem 95-C-BH kombiniert. Ich halte das für äußerst unwahrscheinlich, aber man weiß ja nie. „Eine gute Wahl, Monsieur", sage ich. „Flieder ist der Top-Trend der Saison. Sind Sie sich mit der Größe sicher?"

„Äh, em, nun ja."

Er hat keinen Schimmer. Ihn jetzt also bloß nicht überfordern. Auf keinen Fall nach der Konfektionsgröße fragen.

„Vielleicht beschreiben Sie mir einfach, wie Madame in etwa gebaut ist ..."

„Mademoiselle."

Riesen-Fauxpas. Hoffentlich springt er jetzt nicht ab.

„Pardon ... wie Mademoiselle in etwa gebaut ist?"

Wir können hier abkürzen: Er macht ein paar vage Andeutungen und Gesten, ich tippe auf Größe 40 und 80 B und hoffe, dass Mademoiselle nicht aus allen Wolken fällt. Marie-Line hätte natürlich gleich gesehen, dass er keinen Ehering trägt.

„Ach, weißt du, da würde ich mich nie drauf verlassen." Sie wedelt abschätzig mit der Hand. „Bei den Jüngeren magst du richtig liegen. Aber es gibt genug Ehemänner, die hier ohne Ring auftauchen. Weil sie nämlich *nicht* auf dem Nachhauseweg sind."

Sie scheint nicht weiter davon beeindruckt. Ich hingegen bin es schon. Eine typisch französische Reaktion, wie ich sie nie ganz durchschaue. Bis heute ist es mir unmöglich, vorherzusagen, wie ein französischer Gesprächspartner in moralischer Hinsicht reagieren wird. Über einen Ehebruch regt er sich nicht weiter auf, das Gesetz jedoch, das ihn verpflichtet, die Hinterlassenschaften seines Hundes vom Bürgersteig zu entfernen, kann zu wochenlangen Diskussionen führen. Man bekommt jeden Pfirsich in eine extra Plastiktüte gewickelt, aber wenn einen die Concierge dabei erwischt, dass man diese Unmengen Sondermüll nicht korrekt entsorgt, ist die Hölle los.

Ich rufe Georg an und erzähle ihm davon. „Was regst du dich auf?", fragt er. „Das ‚duale System' haben die Franzosen von uns übernommen. Mal abgesehen davon: Bist du glücklich?"

Fiese Frage.

Ich sage jetzt nichts dazu. Sie hingegen haben inzwischen ein ungefähres Bild von allem, *n'est-ce pas*? Die wichtigsten Leute haben Sie kennen gelernt. Monsieur Jacques stelle ich Ihnen später vor. Kommen wir zunächst zu etwas wichtigerem: Paris, die Stadt der Liebe.

Französisch für Anfänger III

Zum Sommer in Paris gehört der 14. Juli. Ein wichtiges Datum, will man die Franzosen verstehen. Im Zentrum steht das traditionelle Interview des Staatspräsidenten. Der 14. ist sein großer Tag. Er nimmt die alljährliche Militärparade entlang der Champs Elysées ab und wendet sich anschließend huldvoll dem Volke zu. Dazu ist das Fernsehen anwesend. Im Fauteuil Monsieur le Président, dazu einige Takte aus der Marseillaise. Kein Interview, bei dem die Journalisten ihre Fragen nicht vorher schriftlich eingereicht hätten. Und immer endet das Ganze mit *„Vive la République, vive la France!“*. Manchmal kann man dabei vergessen, dass es hier um den Jahrestag der Revolution von 1789 geht. Denn Raffinement und Glanz, mit denen sich die Republik von heute in Szene setzt, würden jeder Monarchie zur Ehre gereichen, das Feuerwerk zur allgemeinen Belustigung inklusive. Auch das steife Protokoll, nach dem die Dinge vor sich gehen, hat seine Ursprünge im Versailles von Ludwig XIV. bis XVI. Nicht umsonst heißt der Elysée-Palast bei allen nur „das Schloss“. Manche sagen auch „Château Gaga“, aber das nur, wenn die Dinge im Staat nicht so gut laufen. An Revolution denkt natürlich trotzdem keiner. Die Bastille ist dahin, ein paar ihrer Steine sollen sich noch in der Concorde-Brücke befinden, und schließlich hat zwischenzeitlich jemand *la grève*, den Streik, erfunden. Man geht also auf Partys und schaut sich die *feux d'artifices* der Feuerwehr an. Allerdings haben in den vergangenen Jahren etliche Départements um Paris herum zum 14. Juli den Verkauf von Benzin in Kanistern verboten. Damit die Banlieue nicht ihr eigenes Feuer entfacht.

August – Champagner für alle

4. Kapitel, in dem es nur um Männer geht – sonst zunächst um nichts, denn es ist August, und alle sind verreist –, dann aber doch noch eine Einladung ans Meer ausgesprochen wird.

Erkenntnisse: Une seule hirondelle ne fait pas le printemps.
Oder: Eine Schwalbe macht noch keinen Sommer.
Aufgabe des Monats: einen Mann finden.

Sie suchen einen Mann in Paris, einen „Jules", wie man hier sagt? Nun, nichts leichter als das, glauben Sie mir. Die Probleme fangen erst hinterher an, wenn man ihn gefunden hat. Das Einzige, was man sich vorher überlegen muss, ist, was für einen Mann man möchte. Davon hängt nämlich ab, an welchen Ort man sich begeben muss. Der Rest passiert dann quasi von allein. Es ist wie beim Angeln. Man wirft seine Köder aus – als da sind: schöne Beine, ein wenig Dekolleté, die Andeutung eines BHs unter der Bluse – und dann wartet man ab. Bloß nicht so tun, als sei man auf irgendetwas aus.

Ihre Beine sind nicht geeignet dafür, zu zwei Dritteln unbedeckt über einen Boulevard zu schweben? Macht nichts, ein tiefer Blick hinter einem langen Wimpernvorhang zum Beispiel tut es auch. Oder – je nach Milieu – eine filterlose Zigarette, ein kleiner Nasenring, eine Schiebermütze mit dem Sticker einer aktuellen „Anti"-Bewegung. Und dann muss man natürlich raus. Ins Café, in den Park, die Gemüseabteilung des nächstgelegenen Monoprix, zur Ausstellungseröffnung. Manchmal genügt es auch schon vollkommen, hoch erhobenen Hauptes die Straße entlangzumarschieren. Es funktioniert tatsächlich. Paris IST die Stadt der Liebe. Es kommt dabei nur auf eine gewisse Haltung an. Stolz würde man vielleicht hierzulande sagen, aber das trifft es nicht ganz. Pariserinnen haben das im Blut. Aber dazu später mehr. Denn es kommt in diesem Moment nicht darauf an, Pariserin zu sein. Ich bin wirklich keine große Schönheit und habe gemessen an den Audrey-Tatou-haften Französinnen in allem zwanzig Zentimeter zu viel, und dennoch sackte ich niemals in meinem Leben so viele Komplimente und Avancen ein wie in meiner Zeit an der Seine. Klingt wundervoll? War es auch. Und wie gesagt, die Probleme fangen erst hinterher an. Wenn der Fisch angebissen hat. Aber so weit ist es noch nicht.

Ich versuchte es *„rive gauche“*, im Quartier der Denker und Poeten. Jean-Paul Sartre, Simone de Beauvoir, Boris Vian, Juliette Gréco, Marguerite Duras und so weiter. Sie wissen schon. Dort eben, wo der Geist beheimatet ist und nicht das Geld. Das stimmt zwar so auch schon lange nicht mehr, seit Dior die Räume der altehrwürdigen Buchhandlung „Le Divan“ aufkaufte und das Café „Les Deux Magots“ von dicken Amerikanern in weißen Turnschuhen erobert wurde. Oder vielleicht sogar schon seit Sartre tot und Saint-Germain-des-Près bei vielen nur noch Saint-Germain-des-Prix heißt, weil nur die Reichen und die Schönen bereit sind, 6,90 Euro für einen Kaffee auszugeben. Aber wenn man sich Wohnungen kaufen kann, bei denen der Quadratmeter 10 000 Euro kostet, dann kommt es darauf ja auch nicht mehr an. Bezeichnend für den Wandel ist vielleicht, dass heute jemand wie Bernard-Henri Lévi am Boulevard Saint-Germain residiert.

Er ist zwar auch Philosoph, aber das Interesse der Medien gilt doch eher seinen Frauen als seinen Ideen.

Trotzdem, so dachte ich, sind die Chancen, hier einen passenden „Jules“ zu finden, einfach größer als im Marais, das doch vor allem für Schwule interessant ist, oder bei der Arbeit. (Oder hat man schon davon gehört, dass die Abteilung Damenwäsche als besonderer Ort zum Flirten gilt?) Und es würde ja nicht stören, wenn er dann auch noch schön wäre oder reich. Oder beides.

Sie sehen mich also den Boulevard Raspail entlanggehen. Der Tag ist warm, die Luft süß. Mein Ziel: der biologische Wochenmarkt. Nicht gerade romantisch? Mag sein, aber ein todsicherer Tipp. Die Produkte sind exzellent – auch in Paris ist es längst chic, seinen Salat *en bio* zu kaufen – und für ein Büschel Rucola steht man ungefähr eine Viertelstunde lang an. Zeit genug für ein paar Seitenblicke.

Und da ist er auch schon. Trägt ein paar Selleriestangen mit sich herum und schafft es, trotzdem sexy zu sein. Gute Schuhe und ein Hauch von Unrasiertheit. Adonis hätte nicht besser ausgesehen. Ich schaue hin, warte, bis er guckt, und senke dann ostentativ den Blick. Und jetzt nicht mehr hinsehen! Auf gar keinen Fall. Jetzt gilt es, mit äußerster Konzentration das Tomaten-Angebot zu studieren. Als gäbe es nichts Wichtigeres.

„Nehmen Sie grüne Tomaten, die sind die besten im Moment.“

Voilà, denke ich und drehe mich um.

Er ist mindestens einen halben Kopf kleiner als ich und unglaublich haarig und aus seinem Baumwollbeutel lugen ein paar schlappe Kohlrabiblätter. Und während ich schnell nach einer möglichst kühlen Antwort suche, sehe ich meinen Adonis zwischen den Ständen dem Ausgang zustreben.

Nun ja, was soll's. Man darf dem Ganzen bloß kein Gewicht beimessen.

„Du musst immer Leichtigkeit bewahren. Witz. Hintergründigkeit", sagt Alix, die es wissen muss. „Jede Form von Schwere schreckt sie ab."

Da wusste ich schon ungefähr, was sie meinte. Denn Frankreich kennt keine höhere Kunst als die des Flirtens[16]. Der Pariser jedenfalls ist darin unschlagbar. Er hat nicht die geringste Hemmung, Sie anzusprechen und Ihnen auf jede erdenkliche Art und Weise zu sagen, wie schön Sie (oder Ihre Beine) sind. Dabei ist er sehr elegant und interessiert sich brennend für jedes Ihrer Worte, und zum Abschied bekommen Sie die Rose aus seinem Knopfloch überreicht. Genießen Sie es, denn vielleicht bedeutet es: nichts.

Alix: „Bedenke immer, dass wir das Land sind, in dem die Galanterie erfunden wurde. Frauenverehrung gehört bei uns zum Leben dazu, wie der *rouge* zum Essen."

Alix trank gerne Rotwein, und sie ließ sich gerne verehren. Solange ich sie kannte, schleppte sie alle paar Wochen einen neuen „Jules" an. Nicht immer nacheinander. Aber im Gegensatz zu ihnen schien sie immer den genauen Überblick zu behalten. Dominique war Maler, Laurent Filmproduzent, Thierry Leiter des Catering-Services, der ihre Galerie hin und wieder mit Häppchen und Champagner versorgte. Diego kam aus Mexiko und machte irgendwas. Philippe war im Marketing der Danone-Gruppe. Solange er aktuell war, gab es in unserem Kühlschrank nur Wasser der Marke Vittel und

[16] Das Wort *flirten* etwa stammt keinesfalls aus dem Englischen, sondern leitet sich von dem Begriff *conter fleurette* her. Wörtlich bedeutet das „Blümchen erzählen", im traditionellen Sinne war damit jedoch gemeint, einer Frau gegenüber galant zu sein, ihr den Hof zu machen.

Actimel-Joghurt. Alles andere hätte Verrat bedeutet. In dieser Zeit wusste Alix alles über *Lactobacillus casei defensis* und seine großartige Wirkung auf die Verdauung. Für den Moment nahm sie alles sehr ernst.

So kam es zu Krisen mit Jean-Luc, als der von seinem wöchentlichen Ausflug zu Monoprix große Mengen an Fruchtjoghurts der Konkurrenz mit nach Hause brachte.

„Ach, so! Und wenn du nächste Woche den Oberbuchhalter von Fauchon kennen lernst, dann gibt es nur noch Kaviar, oder wie?", giftete er unerwartet bösartig.

Doch der schwarzhaarige Jüngling, den ich eines Morgens in Monsieur Jacques' Bademantel in der Küche antraf, war eindeutig kein *comptable*. Das prächtige Tattoo, das zwischen dem Piceur'schen Frotté hervorlugte, traute ich jedenfalls einem solchen nicht zu. Eher dem Sänger einer Heavy-Metal-Band.

„Salut!" Der Metal-Bruder grüßte freundlich. „Ich hab' Kaffee gemacht, möchtest du auch einen?"

„Warum nicht."

„Milch? Zucker?"

„Danke, ja. Danke, nein."

...

„Ich bin Baptiste."

„Freut mich."

...

„Sag mal, stört es dich, wenn ich eine rauche?"

„?!" In dieser Küche hatte garantiert noch nie jemand um Erlaubnis gefragt, wenn er rauchen wollte.

...

„Schön habt ihr's hier!"

„Ja, nicht wahr. Also dann, ich muss los. Danke für den Kaffee." Komischer Kerl, passt gar nicht zu Alix, dachte ich, während ich durch die leeren Straßen lief, um rechtzeitig für die erste Busladung japanischer Touristinnen bei meinen BHs zu stehen (was völlig umsonst war, da sie zwar immer fürchterlich kicherten, wenn man versuchte, ihnen die Vorteile eines französischen Strumpfhalters zu erläutern, aber nie einen kauften). Mit Baptiste jedenfalls schien ich Recht zu haben, denn er ward in der Folgezeit nicht wieder in unserer Küche gesehen.

„Sag mal Alix, wo gabelst du diese Typen eigentlich immer auf?" Warum nicht eine Expertin fragen, dachte ich mir.

„Ah! Tu cherches un Jules?!"

Ich lief rot an. So durchschaubar hatte ich eigentlich nicht sein wollen.

„Weißt du, es ist nicht SO einfach."

„Wie bitte?"

„Ich weiß ja nicht, wie es bei euch in Deutschland normalerweise so läuft. Aber sieh dir die Vereinigten Staaten an: Gibt es etwas Banaleres als das *date*? Man sagt: *I put you on an date*. Und alle Beteiligten wissen schon Bescheid. Und falls der Abend gut läuft, ist man verlobt." Man konnte ihr ansehen, dass sie von dieser Taktik genauso viel hielt wie von einem Big Mac.

„Paris kann ziemlich anonym sein. Ziemlich einsam. Glaub mir, ich weiß, wovon ich spreche. Auch wenn es vielleicht nicht so aussieht." Sie machte eine Kopfbewegung in Richtung ihres Schlafzimmers.

„Hast du es schon mal auf dem Markt am Boulevard Raspail versucht? Da laufen ganz Hübsche herum."

Irgendwann später. „Hilfe, Alix. Ich habe ein Rendezvous. Was mache ich denn jetzt?"

„Kannst du dir vorstellen, mit ihm ins Bett zu gehen?"

„Wieso ins Bett? Es ist unsere erste Verabredung."

„Pauvre biche innocente![17] Was macht ihr denn da in Deutschland?"

„Nun", sage ich würdevoll. „In Deutschland ist es durchaus möglich, einen schönen Abend zu zweit zu verbringen und trotzdem allein nach Hause zu kommen. Ich kenne viele Männer, mit denen ich allein ausgehe. Aber nicht ins Bett. Wir sind einfach nur befreundet."

„Wie langweilig." Alix ist unmöglich. Sie will mich provozieren.

„Also pass auf", sagt sie. „Es gibt *la drague* und *le rendezvous,* den Flirt und die Verabredung. Flirten tun wir alle, immer. Es ist unser Nationalsport, der von allen Franzosen zwischen sieben und 77 Jahren täglich und überall praktiziert wird. Und ich kann dir sagen: Es macht das Leben angenehmer. Beim Rendezvous ist es was anderes. Dabei geht es nicht um den Film oder das Abendessen etc. Und dieses Freundschaftsding kannst du sowieso vergessen. In Frankreich gehen Mann und Frau nicht allein miteinander aus, es sei denn, sie wollen etwas voneinander oder sind bereits ein Liebespaar."

„Gaetano geht auch mit mir aus, ohne etwas von mir zu wollen", werfe ich ein. Alix schenkt mir einen langen, unergründlichen Blick, den ich nicht deuten kann.

„Und wie ziehe ich mich jetzt elegant aus der Affäre?"

„L'homme propose et la femme dispose",[18] antwortet sie leichthin. „Du kannst nach dem Essen Migräne bekommen – die Hitze, die schlechte Luft, der Sancerre, irgend so was. Und dann bittest du ihn, dir ein Taxi zu besorgen. Er ist doch kein Südfranzose?"

---

[17] Etwa: „Armes unschuldiges Reh!"
[18] Der Mann schlägt vor, und die Frau entscheidet.

„Nicht, dass ich wüsste. Warum?“

„Na, dann ist gut. Wenn er Stil hat, gibt er dir seine Telefonnummer, hält dir die Wagentür auf und bringt die Sache würdevoll zu Ende. Mit Südfranzosen ist es komplizierter. Die halten sich für absolut unwiderstehlich. Denen kannst du zehnmal sagen, dass es aus ist, und sie glauben immer noch, du würdest dich nur ein bisschen zieren. – Apropos, wenn Nicholas anruft: Ich bin nicht da. Ich bin weggefahren und ihr wisst nicht, wann ich wieder komme.“

Französisch für Anfängerinnen I

Hier einige Basisratschläge:

– Alix erwähnte es bereits, aber da es wichtig ist, will ich es wiederholen: Vermeiden Sie jede Form von Schwere. Seien sie: witzig, schlagfertig, subtil. Denken Sie daran: Der Flirt *à la française* ist eine kurze Berührung von Geist und Seele. Nicht mehr. Aber auch nicht weniger.

– Wenn Ihnen ein Franzose, den Sie noch nie in Ihrem Leben gesehen haben, auf offener Straße sagt, dass sie a) schöne Augen, b) schöne Beine oder c) eine wundervolle Figur haben, dann nehmen Sie das bitte auf jeden Fall als Kompliment. (Auch wenn ein ähnlich gelagerter Fall in Deutschland bereits als Tatbestand sexueller Belästigung gewertet würde.) Allerdings sind die meisten Franzosen heutzutage auch schon etwas geistreicher.

– Was den Pariser Mann mit allen Männern dieser Welt verbindet: Er möchte bewundert werden, ein bisschen wenigstens. Er möchte wissen, dass jedes seiner Worte aus Gold ist. Oder wenigstens glauben dürfen, es sei so.

– Lassen Sie ihn bezahlen, die Türen aufhalten, das Restaurant und den Wein aussuchen.

– Sie finden, dies alles widerspreche jeglichem Emanzipationsgedanken? – Leider ist die Sache komplizierter. Die meisten Französinnen verstehen den Flirt als Bestätigung ihrer Weiblichkeit. Er ist ein Spiel mit festen Regeln und Rollen, aber eben vor allem ein Spiel. *L'homme propose et la femme dispose.* Soll heißen: Lassen Sie ihm doch das Vergnügen, den ersten Schritt zu machen – solange Sie das letzte Wort haben …

Dann kam die Augusthitze, und das Licht schien noch weißer als zuvor. Alle waren fort. Sogar der Clochard, der sonst täglich im Schatten der Akazie auf dem kleinen Platz schräg gegenüber sein Quartier aufschlug, war verschwunden. (Später erzählte mir einmal jemand, es sei unter Clochards üblich, sich im Sommer in Marseille zu treffen und die Zeit der Hitze am Meer zu verbringen. Ob das stimmt, habe ich allerdings nie herausgefunden.) Tatsächlich ist Paris im August eine Art Freilichtmuseum. Die Kulisse ist da, ein paar Animateure halten als Kellner, Bouquinisten und Fahrstuhlführer verkleidet die Maschinerie in Gang, damit die ausländischen Besucher hindurchgeschleust werden, ohne etwas kaputt zu machen. Aber der Rest schließt vorübergehend sein Geschäft und die Fensterläden, überlässt die Katze jemandem zur Pflege und begibt sich kollektiv ans Meer.

Überlässt die Katze jemandem zur Pflege …

„Und wie sind deine Ferienpläne?", fragt Jean-Luc eines Abends betont beiläufig. Er möchte sich doch nicht etwa mit mir unterhalten?

„Gar keine. Man braucht mich schließlich für die Touristinnen. Seit letzter Woche habe ich ein neues Schild, auf dem außer meinem Namen eine französische, eine deutsche und eine englische Flagge zu sehen sind. Ich fühle mich ein bisschen wie eine internationale Gebrauchsanweisung, aber *tant pis*[19]. An Urlaub ist jedenfalls nicht zu denken, solange sich in dieser Stadt noch eine einzige Amerikanerin mit dem Wunsch aufhält, ihr Eheleben durch französische *Lingerie* zu beleben."

---

[19] Dt.: Macht nichts.

Den letzten Satz überhört Jean-Luc. „Nun, würde es dir dann womöglich etwas ausmachen, für ein paar Tage auf Paul achtzugeben?"

„Aber gar nicht. – Wohin soll es denn gehen?"

„Belle Île. Meine Familie hat dort ein Haus. Weißt du, das wäre eine große Erleichterung. Die Fahrt verkraftet er nicht, und zur Concierge kann ich ihn auch nicht mehr geben. Nach dem letzten Mal war er für Wochen völlig verstört."

„Ach, *danach* war er verstört. Aber lass ihn ruhig hier. Das kriegen wir schon hin."

Er überreicht mir eine handgeschriebene Fütterungsanweisung, und dann bin ich endgültig allein. Jean-Luc auf dem Weg an die Atlantikküste, Alix irgendwo an einem Swimmingpool, Kitty und Lülü nach Trouville entschwunden. Nur Monsieur Marcel, der Friseur von gegenüber, ist auch noch da. Ich glaube, er schließt seinen Salon nur, wenn ein gesetzlicher Feiertag ihn dazu zwingt. Was Paul angeht, bin ich mir nicht so sicher. Er will mich nicht sehen. Aber solange morgens der Napf leer ist, soll es mir recht sein.

Schließlich kündigte auch Gaetano an, für ein paar Tage davonzufahren. Vorher aber versprach er mir ein letztes „Rendezvous".

„Morgen Nachmittag am Pont de l'Alma."

„Meinst du nicht, es gibt in dieser Stadt einen romantischeren Treffpunkt als eine sechsspurige Autobrücke aus den 70er Jahren?"

„Geduld, Mademoiselle! Das wird dir Spaß machen."

Sagt Ihnen der Pont de l'Alma etwas? Gäbe es einen Wettbewerb für die hässlichste Seine-Brücke, hätte diese hier alle Chancen. Kein Vergleich mit der steinernen Schönheit des Pont Neuf oder dem zierlichen Pont des Arts. Der Pont de l'Alma ist ein typischer Nicht-Ort. Man benutzt ihn, um zwischen Palais de Tokyo und Place de la Résistance die Seine zu überqueren, mehr nicht. Sie können das hundert Mal tun, ohne etwas Besonderes zu bemerken. Vielleicht fragen Sie sich kurz, wer um alles in der Welt diese überdimensionale vergoldete Skulptur in Form einer Flamme zu verantworten hat, die da inmitten des Getöses auf einer Verkehrsinsel emporragt. Aber da in dieser Stadt ja auch ägyptische Obelisken herumstehen, wundern Sie sich nicht wirklich. Die Skulptur trägt den Titel „Flamme de la Liberté".[20] Zu Füßen ihres Sockels liegt immer eine rote Rose und vergeht in der Hitze der Abgase.

Meine Güte, die Franzosen. Müssen die immer gleich so übertreiben?

Weit gefehlt. Denn eines schönen Tages im August sehen Sie sich plötzlich mit einem Haufen Blumen konfrontiert. Und es ist nicht *la Liberté*, der hier gehuldigt wird. Sondern Prinzessin Diana von Wales, die hier am letzten Tag des Monats August 1997 im Tunnel unter dem Asphalt ihren tragischen Tod fand. Die Flamme der Freiheit *like a candle in the wind*. Dianolâtres nennt der Pariser, der sich über jeden Anlass freut, einen neuen Begriff erfinden zu können, die Pilger aus aller Welt, die hier in schöner Regelmäßigkeit auf der Verkehrsinsel erscheinen, um den Ort des Unglücks zu besichtigen. Interessant ist das international unterschiedliche Verhalten: Briten und Amerikaner bringen Blumen (der näch-

---

[20] Es handelt sich um eine Reproduktion der Flamme, welche am Eingang von New York aus der Fackel der Freiheitsstatue lodert. Sie wurde der Stadt Paris von den Vereinigten Staaten zur Erinnerung an deren großen Sohn Frédéric Auguste Bartholdi als Geschenk vermacht. Bartholdi ist der Mann, der die 1886 aufgestellte Statue of Liberty entwarf. Das Gipsmodell befindet sich heute im Musée des Arts et Metiers.

ste Florist floriert dezent in 500 Metern Entfernung) und beten. Die spanischsprachige Welt bekreuzigt sich. Die Japaner machen ein Foto. Die Inder, die nur zufällig vorbeigekommen sind, verstehen nicht, was los ist, erkundigen sich und berichten das Gehörte dann aufgeregt der gesamten Reisegruppe. Anschließend wollen sie den Tunnel besichtigen. Ich weiß nicht, ob das die häufigste Todesart indischer Staatsbürger in Frankreich ist, aber der dort unten herrschende Verkehr legt es nahe. Und die Deutschen? „Du gugge mal, Norbert, da is de Dijana mi'm Dodi gschtorm un da ham ihr die Bariser so än Dengmal gsetzt. Nu gugge doch!"

In diesem Moment bekommt der Begriff „fremdschämen" für mich eine ganz neue Bedeutung. Aber das Gute an Paris ist, dass Platz für alle ist. Die nächste Station der Pilgertour ist dann meist das Café Grand Corona, von dessen Terrasse aus man einen guten Blick auf Flamme und Kreuzung hat. Im Grand Corona findet man an solchen Tagen die nettesten Garçons von ganz Paris. Geduldig und auf Wunsch auch auf Englisch beantworten sie detailliert und kenntnisreich alle nur erdenklichen Fragen zur Dramatik des Ortes. Unter dem emotionalen Eindruck, der diesen Schilderungen folgt, braucht der erschütterte Tourist dann gewöhnlich eine Stärkung …

Paris ist ein großes, heißes Gefäß, und auf dem Pont de l'Alma werden Tränen vergossen.

Es ist ein früher, langweiliger Abend, als das Telefon klingelt. *„Salut! Ça va?!"*, schreit Alix von sehr weit weg in ihr Handy. „Sag' mal, hast du nicht Lust, am Freitag nach Saint Tropez zu kommen? Bibi und Patrice haben noch ein Zimmer frei. Und Steven Spielberg soll angeblich auch dieses Wochenende hier auftauchen. Dann wären wir in prima Gesellschaft. Was denkst du?"

„Klingt toll, Alix. Aber ich kann hier bestimmt nicht weg. Der Job, du weißt schon."

„Ach, was. Es ist doch nur für ein paar Tage. Sag deiner Vorarbeiterin einfach, du müsstest dir die neusten Bikinimodelle ansehen. Bildungsurlaub! Und ich kann dir versprechen, was hier getragen wird, hat noch nicht mal den Weg in die Vogue gefunden, so heiß ist es."

Ich frage mich, wen um alles in der Welt Alix dort kennen gelernt hat, dass sie so redet. Aber, warum nicht? Bildungsurlaub. Und dann habe ich auch noch Glück, und es ist der stellvertretenden Abteilungsleiterin (Madame selbst ist natürlich im Urlaub) ziemlich egal, ob ich mal drei Tage fehle oder nicht. *Et voilà*, trete ich mit dem heißesten Bikinimodell, das unsere Abteilung im Angebot hatte (Mitarbeiterrabatt!), die viel zu weite Reise an die Côte d'Azur an.

Und dann fällt mir die Katze ein. *Merde*, denke ich, auf Französisch versteht sich. Im Grunde ist das Viech ja selbst schuld. Denn wie soll man Verantwortungsgefühle jemandem gegenüber entwickeln, der sich permanent entzieht? Trotzdem muss etwas geschehen. Die Concierge natürlich, die hat einen Schlüssel. Sie wird nicht erfreut sein, andererseits hat sie sich damit bereits im August das Weihnachtsgeld verdient. Aber hat sie da unten in ihrer Loge überhaupt Telefon, und ehrlich gesagt, weiß ich nicht einmal ihren Namen. Bin ich jetzt auch eine von diesen Großstädterinnen geworden, die zwar wissen, wie man mit dem Handy Online-Banking macht, aber noch nicht mal die Namen ihrer Nachbarn kennen?

Ein paar Gedankengänge und ein Gespräch mit der Auskunft von France Télécom weiter habe ich Monsieur Marcel am Apparat. Er wird mich für verrückt halten – eine wildfremde Frau, die aus dem TGV nach Nizza anruft und darum bittet, der Concierge von gegenüber Bescheid zu geben, dass bei Piceurs im Fünften die Katze verhungert.

„Aber natürlich Mademoiselle, der Kater von Monsieur Rossignol. Ich sage Madame Roland, dass sie nach ihm sieht. Machen Sie sich keine Sorgen. *Au revoir, Mademoiselle.*“

Irgendetwas habe ich wohl mal wieder nicht mitbekommen. Nicht einmal gewundert hat er sich. Abgesehen davon, dass er sowohl die Concierge als auch Jean-Luc bestens zu kennen scheint. Mich wahrscheinlich auch, ich weiß es nur nicht. Ich frage mich, ob ich je schlau werde aus diesen Parisern, die es in der Metro nicht schaffen, einander in die Augen zu sehen, und dann aber plötzlich ohne ersichtlichen Anlass zu den hilfsbereitesten Menschen der Welt werden.

Es ist ja schon ziemlich bescheuert, für einen Wochenendausflug 1800 Kilometer durch Frankreich zu fahren. Aber gegen den Weg von Saint Maximine nach Saint Tropez ist das ein Witz.

Alix erwartete mich am Bahnhof in einem knallroten Jeep. Fast hätte ich sie nicht erkannt. Ihre blonden Haare sind in der Sonne fast weiß geworden. Sie trägt einen *microjupe* und sonst eigentlich nur braune Haut. „Fahr schon!“, faucht sie in Richtung unseres Vordermanns. Das könnte sie auch lassen. Denn wenn ein Wort nicht zu der Situation passt, dann ist das „fahren“. Schon „rollen“ wäre euphemistisch.

„Gibt es keinen anderen Weg?“

Sie schüttelt den Kopf. „Nein, das ist hier immer so. Es sind ja Ferien.“

„Heißt das, dass ihr alle aus Paris flüchtet, um dann hier unten gemeinsam im Stau zu stehen?“

Pünktlich zum Aperitif geben alle ein bisschen Gas, und wir kommen doch noch an. Saint-Tropez also.

Saint-Tropez, das sind die Sonne, die Hitze, das Geld, das Gold, der Rausch und unwirkliche Tage, die mit dem normalen Leben nichts mehr zu tun haben. Manche zahlen dafür knapp 50 000 Euro. So viel kostet ein guter Liegeplatz im Hafen. Pro Woche, versteht sich. Andere zahlen 1700 Euro pro Tag. So viel kostet eine Suite im Hotel Byblos. Man kann auch nur hundert ausgeben. Dann bekommt man eine Flasche Champagner und etwas Leichtigkeit. Die ist gratis.

Fragen Sie mich nicht, wie ich hier hineingeraten bin, zwischen all die Modelmädchen, Filmregisseure und Erben von Joghurt-Dynastien. Ich habe hier nichts verloren, und trotzdem trägt mich etwas fort, reißt mich mit in einen Strudel, aus dem ich 48 Stunden später wieder erwache.

Zuerst ist da der Pool. Es ist mit Sicherheit der größte Pool, den ich je gesehen habe. Azurblau liegt er da, eine sanfte Wasserfläche, über die nur manchmal ein Windhauch weht. Um den Pool herum haben sich ein paar Gestalten drapiert, reglos wie Reptilien in der Mittagssonne.

„*Salut.*" Patrice hebt kaum merklich seine Hand. Er liegt in einen Deck-Chair gegossen, zwischen seinen Lippen balanciert eine Zigarette, und in der Hand hält er einen Drink. Sicher nicht der erste an diesem wunderschönen Nachmittag. Patrice ist jung und der großväterliche Panamahut auf seinem sonnenblonden Kopf nur eine Koketterie.

Patrice ist schön. Die einzige körperliche Arbeit, die er jemals hat verrichten müssen, war das Workout-Programm seines Fitnessclubs. Und das Schönste: Patrice ist reich. Seinem Vater gehört eine Wurstfabrik, die den gesamten EU-Markt mit original französischen Pasteten beliefert. Ente, Schwein und Kalb à la Gourmet. Die Tiere hatten es nicht gut, bevor sie starben. Aber wen schert das. Seit die Marketingabteilung auf die Idee kam, den Schraubverschluss der Pastetengläser mit rot-blau-weiß karierten Stoffquadraten zu bespannen, läuft es prächtig. Hauptsache die Verpackung stimmt. Patrice ist aufgewachsen in dem sicheren Wissen, dass, wie sehr er auch scheitern würde in seinem Leben, immer genug Geld da wäre.

Dann kommt Bibi. Bibi ist Patrices Freundin. Eigentlich heißt sie Brigitte. Aber in Saint-Tropez kann man nicht mehr so heißen, seit Brigitte Bardot hier war. Gunter Sachs ließ hier für diese Frau von seinem Hubschrauber aus 30 000 rote Rosen niederregnen. So etwas ist nicht mehr zu überbieten. Also Bibi. In Paris ist sie Verkäuferin bei Kabuki in der Rue Etienne-Marcel. Aber da Kabuki *la pointe de la mode* ist, also überhaupt DIE Boutique schlechthin, heißt es natürlich nicht Verkäuferin, sondern „Shop-Assistant". Bis vor einiger Zeit war Bibi eine große Anhängerin von Stella McCartney. Bis „Stella" eine Kollektion für H&M entwarf. Seitdem würdigt Bibi ihre Sachen keines Blickes mehr. Sie würde es mit jedem so machen.

Heute Abend ist ein Fest. Wir werden hingehen, *on va faire la fête,* ganz cool nach stundenlangen Stylingvorbereitungen, aber äußerlich so ungerührt, als wären wir nur eben aus dem Liegestuhl aufgestanden. Schließlich ist das oberste Gebot von Saint-Tropez, dass nichts nach Anstrengung aussehen darf. Die Frisur nicht, die Figur nicht, nicht die Last des zu verschleudernden Vermögens.

Alix weiß, dass ich vollkommen überfordert bin. Sie weiß es, und sie nimmt mich kommentarlos an die Hand und passt auf, dass ich nicht ins Fettnäpfchen trete. Das werde ich ihr nie vergessen. Sie steckt mich in eines ihrer flatternden Paradiesvogelkleider, pinselt türkisblauen Lidschatten um meine Augen und sagt: „Das ist nur ein Spiel hier. Wenn Paris die Crème ist, dann ist Saint-Trop' die Zuckerkruste."

„Woher kennst du all diese Leute, Alix?"

„Wie? Ach so! – Halt doch mal still. – Bibi ist meine Cousine. Wir sind zusammen aufgewachsen. Aber wir sehen uns nicht mehr oft. Ich bin das schwarze Schaf der Familie. Deshalb werde ich meistens nicht eingeladen."

„Was hast du angestellt?"

„Erstens: Ich habe Literatur studiert. Zweitens: Ich habe, seit ich neunzehn Jahre alt bin, jeden Centime, den ich ausgebe, selbst verdient. Drittens: Ich habe das Erbe meines Großvaters einem Umweltprojekt in Brasilien gespendet. Das hat dann gereicht." Sie grinst. „Mund zu!" Ihr Lippenstift schmeckt nach sanften Früchten.

„Warum hast du das getan?"

„Ich dachte, ich könnte etwas wiedergutmachen. Unsere Familie hat ihr Geld dadurch bekommen, dass sie immer stärker war als andere. Es gab immer irgendeinen Onkel in der Politik. Keine Mafia wie in Italien. Hier in Frankreich läuft das eleganter. – Weißt du, warum Jack Lang als Kulturminister so unbeliebt war?"

„Weil er den hässlichen ‚Grand Arche' in La Défense gebaut hat?"

„Nicht doch. Weil er seinen Etat fast ganz für sich behalten hat. – Wie findest du die grüne Seide hier?"

„Was heißt das: seinen Etat für sich behalten?"

„Normalerweise läuft es so, dass die Minister über ihre Millionen frei verfügen können. Und jeder weiß, dass ein bestimmter Teil an verdiente Mitarbeiter geht. In bar, ohne Steuern, verstehst du?"

„Aber das ist doch Korruption!"

„Aber nein, *ma chère*, das ist Politik. *C'est comme ça*. – Und wir gehen uns jetzt ein bisschen amüsieren."

Der Pool hier ist noch ein bisschen größer, und seine Farbe geht mehr ins Jadegrün. Aber natürlich *schwimmt* niemand.

Ich glaube sowieso, dass diese Pools nicht dazu da sind, damit in ihnen geschwommen wird. Die Jungs produzieren sich manchmal mit Saltos und Bauchklatschern und wenn Mütter und Großmütter da sind, dann gehen sie alle paar Stunden zur Abkühlung ein wenig darin herum, aber damit hat es sich auch schon. Immerhin hat der Gärtner ein bisschen was zu tun, Laub und Käfer herauskätschen und so.

Um den Pool herum geht es dagegen hoch her. Die Musik ist elektronisch, der Sound einer schattigen Oase an einem flirrend heißen Sommertag. Es ist eine dieser Partys, die junge Menschen in den Häusern ihrer Eltern ausrichten, um die Dinge unter sich auszumachen. Die Eltern haben nichts dagegen, denn schließlich ist es nur in ihrem Sinne, wenn das Vermögen in der Nähe bleibt und das Töchterchen sich nicht allzu sehr in die Arme irgendeines Gérards oder Abduls begibt. Oder Schlimmeres.

Natürlich ist man offen, aber alles hat seine Grenzen. Sie verstehen schon. Stellen Sie sich vor, Sie sind auf einer Party und trinken Champagner – einen wirklich guten, logisch – und unter den Gästen ist ganz selbstverständlich jemand, dessen Name einem auf dem Flaschenetikett wieder begegnet. So ungefähr.

Den Champagner halte ich jedenfalls schon mal in der Hand, nur der Erbe wurde mir bislang noch nicht vorgestellt. Oder ich habe es in der Aufregung nicht mitbekommen. Vor lauter Panik, dass rauskommt, dass sich meine Erfahrung mit Champagner auf die bronzene Hochzeit von Onkel Robert und Tante Elisabeth beschränkt. Bei uns gab es nur zu Silvester Prosecco frizzante für alle und damit hatte es sich. Wahrscheinlich würde es mit dem Erben so laufen:

Junger, glattrasierter Champagner-Erbe: „*Salut,* Alix! Wie

geht's? Lange nicht gesehen!" (Und wer ist deine nervöse kleine Freundin, die man definitiv noch NIE gesehen hat?)

Alix, die sich prächtig amüsiert und mir andauernd den Ellenbogen in die Seite rammt, weil ich die Einzige bin, die kapiert, dass sie nicht über die *Witze* ihrer Gesprächspartner lacht. Alix also: „Ah, *salut Rémi!* Wie geht's? – Meine Liebe, darf ich vorstellen: Rémi Krug."

Ich, unschuldig und ahnungslos: „Hallo, Rémi." Ein Moment peinliches Schweigen.

Alix: „Sie kommt aus Deutschland."

Rémi: „Was du nicht sagst! Meine Ahnen stammen aus Mainz."

Ich: „Oh, tatsächlich. Dann bist du vielleicht mit dem Schauspieler verwandt? Manfred Krug?"

Stille. Schweigen. Kurz darauf ertränke ich mich im Pool.

Zum Glück kommt es anders. Schlimmer vielleicht. Alix wurde von irgendeiner strahlenden Delphine davongezerrt. Von Patrice und Bibi ohnehin keine Spur. Die beiden haben bereits auf dem Parkplatz jede Verantwortung für mein *amusement* abgelegt. So stehe ich allein im Schutze eines Oleanderkübels und trinke in allzu schneller Folge mehrere Gläser nacheinander.

„*Salut,* ich bin Henri." Besticktes Poloshirt, der Kragen hochgestellt. Gel in den Haaren und eine weiße Hose. Wer hätte gedacht, dass die Neunziger ausgerechnet an diesem paradiesischen Ort überleben würden?

„Willst du tanzen?"

Warum nicht? Da muss man wenigstens nicht reden.

Es folgen ein paar coole Drehungen, nicht zu eng natürlich. Ich bemühe mich um Haltung, denn der Champagner prickelt in meinen Adern, und zu essen sehe ich hier weit und breit nichts. Ich hätte auf Alix hören sollen, als die sich vor dem Aufbruch eine halbe Baguette mit Camembert belegte. „Basis schaffen", murmelte sie zwischen zwei Bissen.

Da haben wir nun den Salat. Ich schwenke ein bisschen herum und lasse dabei die Blicke schweifen. Unter dem großen weißen Sonnensegel sehe ich Alix mit einer jugendlichen Ausgabe von Alain Delon stehen. Sie sieht mich und winkt. Ich winke, so fröhlich es geht, zurück. Neben mir versuchen sich zwei weibliche Schönheiten in einer Art Ausdruckstanz. Sie sind mager wie Barsoi-Windhunde – gute Abstammung, schwieriger Charakter, aufwändig in der Haltung.

Unterdessen sorgt Henri dafür, dass mein Glas ständig gefüllt ist. Was gäbe ich um eine gute deutsche Apfelschorle. Ach, Georg, wenn du mich jetzt sehen könntest. Aber wahrscheinlich würdest du mich nicht mal erkennen mit diesen blauen Augen und diesen Wahnsinnstretern, die ich mir gestern von meinem halben Gehalt gekauft habe. An der Kasse ist mir kurz ganz schlecht geworden, als mir klar wurde, wie viele Extra-Stunden im Reich der Lingerie das bedeuten würde. Aber die Eitelkeit hat gesiegt. „Sehen Sie, was für einen schönen Fuß die machen! Und mit einem Keilabsatz werden Sie in dieser Saison eine der Ersten sein."

Na ja, ich sage solche Sachen auch immer. Schuhe oder Hüfthalter ist ja letzten Endes schnuppe, Hauptsache die Kundin ist happy.

War sie auch. Und jetzt tun ihr die schönen Füße weh, und betrunken ist sie auch. Zu betrunken, als dass sie den Geist von Simone de Beauvoir hören könnte, der etwas schadenfroh anmerkt, dass man den Stand der Emanzipation schon immer an der Höhe der Absätze habe ablesen können. Ist ja auch Unsinn, nicht wahr?!

Unterdessen hat jemand die CD gewechselt. Carla Bruni

säuselt *„Mes nuits sont blanches …“*[21] Henri rückt näher. Mir ist schwindelig.

„Und was machst du so?“

So ein Blödmann. Aber wenn ich jetzt sage, dass ich Dessous verkaufe, dann läuft das genau in die Richtung, in der ich dieses Gespräch nicht haben möchte.

„Ich, äh … bin Shop-Assistant.“ Das ist jetzt nicht mal gelogen.

„Wow, interessant!“ Das ist jetzt einfach nur gelogen. Er rückt noch näher.

„Bist du Schwedin?“

Na, das könnte dir so passen. Während der Rest der männlichen Welt Französinnen für das Sinnlichste überhaupt hält, glauben die Franzosen gerne, Schwedinnen seien der Gipfel der Freizügigkeit. Weil die sich bei der kleinsten Gelegenheit

---

[21] Carla Bruni war erst Topmodel und dann Frankreichs schönste Chanson-Sängerin, und einen Sommer lang konnte man ihren Song „Raphaël“ in ganz Paris hören. Die Geschichte dazu: Bei einem Wochenende auf dem Land verliebt sich Carla in den Philosophen Raphaël Enthoven. Das Problem dabei: Er ist verheiratet und sie eigentlich mit seinem Vater zusammen. Es folgt ein richtig schöner Pariser Gesellschaftsskandal, aus dem das junge Paar als glücklicher Sieger hervorgeht. Nachzulesen ist das alles in dem Roman „Nicht so tragisch“ von Justine Lévy. Sie muss es wissen, sie war nämlich die Frau von Raphaël Enthoven. Außerdem ist sie die Tochter von Bernard-Henri Lévy, dem Philosophen mit den vielen Frauen von Seite 62f, der wiederum mit Raphaëls Vater, also dem Exmann von Carla Bruni, sehr gut befreundet war. Sie sind ein wenig verwirrt jetzt? Aber so ist es: Nicht mal Skandale sind in Frankreich einfach. Immer muss alles wahnsinnig kompliziert sein und man selbst unglaublich gut informiert, um den wahren Gehalt einer Nachricht ermessen zu können. Ansonsten wird man ein Lied einfach nur für ein Lied halten. Aber das hier gilt nicht nur für Chansons.

(Sonne!) die Kleider vom Leib reißen. Eine Erklärung dazu, dass dieses Phänomen gesellschaftlich ganz anders verwurzelt ist, erspare ich dem armen Henri trotzdem. Ich lächle einfach und nicke vage mit dem Kopf. Das ist nicht wirklich gelogen. Aber dann schieben sich plötzlich seine Hände an Alix' Seidenkleid entlang. Ein herbes Aftershave weht mir entgegen. Er kann nichts dafür, aber mir wird schlecht. Ich muss hier weg und zwar schnell.

Auf dem Parkplatz laufen mir die Tränen über das Gesicht. Ich heule wie ein Teenager und weiß nicht einmal genau, warum. Vielleicht weil ich nirgendwo richtig hingehöre? Ich hatte es mir so einfach vorgestellt: Weggehen mit nicht viel mehr als einem Koffer und woanders weiterleben. Die Sache ist: Man kann seine Freunde nicht mit einpacken. Das macht der Zoll nicht mit, keine Chance. Stattdessen stopft man Kleider und Schuhe hinein. Aber Kleider und Schuhe bekommt man überall.

„Guten Tag, dies ist die Mailbox von Georg Greflinger. Bitte hinterlassen Sie eine Nachricht, ich rufe zurück."

„Georg, hallo. Ich bin's. Warum magst du denn die Franzosen nicht, verdammt! Kannst du nicht trotzdem herkommen? Wir könnten Baguettes mit Camembert essen und uns ein schönes Leben machen. – Pause – Du fehlst mir. Mach's gut."

Von dort, wo ich das Meer vermute, weht eine kühle Brise her. Ich ziehe die Schuhe aus und laufe barfuß nach Saint-Tropez zurück. Bald wird es hell werden. Aus einer Bar stolpert ein ineinander verschlungenes Paar. Vielleicht hat hier gerade wieder ein Champagnerduell für 390 000 Euro stattgefunden. Das soll es schon gegeben haben. Der Mann schreit nach einem Taxi. Bald werden sie schlafen, mit schwerem Kopf, bis in den Mittag hinein, wenn die Sonne schon hoch steht. Sie werden das „andere" Saint-Tropez niemals kennen lernen, von dem die Schriftstellerin Colette schrieb: *„L'autre Saint-Tropez. Il existe encore. Il existera toujours pour ceux qui se lèvent avec l'aube.“* Das ist das Fischerdorf am Meer, dessen Bewohner einst zwanzig bis unter den Mast bewaffnete spanische Galeonen in die Flucht schlugen. Heute kommen nur noch Luxusyachten, deren Besitzer die Nachkommen der Fischer anheuern, um auf Thunfischjagd zu gehen. Dass sie das an einem der schönsten Orte der Welt tun, ist ihnen gleichgültig. Keiner von denen interessiert sich für das Meer. Zum Glück interessiert sich das Meer auch nicht für sie, denke ich. Es war vor ihnen da und wird es lange nach ihnen immer noch sein.

Ich stehe am Strand und zähle die Wellen, die an das Ufer rollen. Bei 350 höre ich auf. Ist die Zahl der Wellen, die an einen Strand rollen, wichtig?

P.S. *Vouz avez trois nouveaux messages. Premier message, reçu aujourd'hui à 7.30 h:* „Oh Mann, großer Katzenjammer, was? Hör zu, ich kann leider noch nicht denken. Aber ich ruf dich später an, okay? Nur eines kannst du dir schon mal aus dem Kopf schlagen: Ich komme ganz sicher NICHT, um mit dir Käse zu essen. Ich hasse Camembert, falls du dich erinnern magst. Ciao, Georg.“

Deuxième message, reçu aujourd'hui à 7.35 h: „Du mir auch.“

Troisième message, reçu aujourd'hui à 12.40 h: „He, wo steckst du?! Ich bin's, Alix. Na ja, ich hoffe, es ist alles okay mit dir. Melde dich, ja!?! *Salut. Bisou.*“

September – Lesen Sie Le Monde?

5. Kapitel, in dem das Glück der Rückkehr gefeiert, eine Ratatouille gekocht wird, und Monsieur Jacques mit Neuigkeiten aufwartet.

Erkenntnisse: Fische weinen nicht.
Aufgabe des Monats: Zwiebeln bräunen und Kunst verstehen.

La rentrée! Die Rückkehr, das Ende der Ferien. Ein bacchantisches Ereignis, das sich in jedem Jahr pünktlich zum 1. September wiederholt. Keinen Tag früher. Am 31. August deutet noch nichts darauf hin. Stille in den Straßen, verrammelte Läden, spätsommerliche Depression. Und dann plötzlich am Morgen des Ersten: infernalischer Lärm auf den Straßen, Autos, Menschen, Abgaswolken. Alle sind wieder da und deswegen glücklich. Endlich wieder über die Place de la Concorde rasen! Endlich wieder beim Bäcker Schlange stehen! Endlich wieder Ruß und Dreck und Lärm! Man war allzu lange weg, unter Fremden, in der Provinz. Überhaupt ist Paris zu verlassen nur unter einer Bedingung möglich: dass das Ende eines solchen Aufenthaltes und damit die Rückkehr (*la rentrée!*) in die einzige Stadt der Welt von vornherein feststehen. Sommerferien schön und gut, aber das Zentrum der Erdumdrehung ist nun einmal hier. Warum sollte sonst das Foucault'sche Pendel hier hängen, nicht wahr?!

Ich glaube, die einzige Bedingung, unter der ein Pariser bereit ist, seine Stadt zu verlassen, ist die, dass er mit Sicherheit weiß, dass die anderen auch nicht da sind, und er somit nichts verpasst. Deswegen reist man gemeinsam fort, und hat dann hinterher sogar noch einen Grund, eine große *fête* zu begehen. Denn nichts anderes ist *la rentrée*. Die Geschäfte dekorieren entsprechend, Schulkleidung für die Kinder und für Madame *la nouvelle tendance* des Herbstes; das Radio bringt Sondersendungen zum Thema; in Büros und Geschäften werden Luftküsse verteilt und Urlaubsberichte ausgetauscht. Einkaufen dauert jetzt wieder eine dreiviertel Stunde länger, aber niemand regt sich darüber auf. Schließlich ist es ja immer so.

Seit Paris weiß ich, dass man kein buddhistisches Kloster besuchen muss, um das Loslassen von Zeit und Raum zu lernen. Eine Kassenschlange bei Monoprix tut es auch.

„Oh la la, ça bouge!", rief Alix, als sie nach ihrem ersten Arbeitstag aus der Galerie kam. Hinter ihr erschien Jean-Luc, der nicht so aussah, als habe er sich in den vergangenen Wochen einem einzigen Strahl Sonne ausgesetzt. Ich hoffte für ihn, dass er wenigstens nicht die ganze Zeit gelesen hatte. Auch er jammerte, er habe zweimal eine Metro auslassen müssen, bis er endlich Platz gefunden habe. Aber heimlich waren beide glücklich, dass sie wieder da waren. So wie ich auch. Denn es gibt nichts Bedrückenderes als eine leere Stadt. Aber davon konnte nun keine Rede mehr sein. 9,6 Millionen Pariser, die Vororte mitgerechnet, 12 860 Restaurants, in denen man wieder etwas zu essen bekam, 180 Theater und unzählige Galerien, in die man gehen musste, und nicht zu vergessen der weibliche Teil von gut zwei Millionen Touristen, die jeden Monat versorgt werden wollten. Unter anderem mit Unterwäsche.

Es lief jetzt besser. Ich konnte 80 B von 80 C unterscheiden, und meist genügte ein kurzer Blick auf Kleidung und Make-up einer Kundin, um zu wissen, ob ihr mit einem Stringtanga von „Agent Provocateur“ oder doch eher mit dem „klassischen Modell“ des Schlüpfers gedient war. Meistens jedenfalls.

„Wenn Sie mich vielleicht bedienen wollen?! Dann wäre uns beiden weniger langweilig.“

Vor mir steht ein kleiner alter Besen mit Kastenhandtasche und Schildkrötenbrille und wedelt mit einer schwarzen Spitzengarnitur. Soweit ich erkennen kann: sündhaft teuer. Ihrem boshaften Blick ist zu entnehmen, dass es ihr Spaß macht, Dienstboten zu quälen. Ich setze also mein freundlichstes Lächeln auf. „Aber selbstverständlich Madame. Wirklich ein wunderhübsches Geschenk für ein junges Fräulein. Soll ich es für Sie einpacken?“

„Non-sens! Papperlapapp!“, faucht sie. „Ihr Seidenpapier können Sie sich sparen. Ich ziehe das Zeug selbst an.“

Marie-Line, die alles mitbekommen hat, grinst. „Du hast Glück gehabt. Normalerweise findet sie immer noch etwas an der Ware auszusetzen und verlangt dann nach der Abteilungsleiterin.“

„Glaubst du, sie zieht das wirklich noch selbst an? Sie ist doch mindestens siebzig!“

„Ach, weißt du. Die eigentliche Frage ist doch: Für wen macht sie das?“

„Marie-Line! – Meinst du, sie hat in ihrem Alter noch einen Liebhaber?“

„Pourquoi pas. Marguerite Duras und Edith Piaf haben es auch so gemacht. Das belebt.“ Sie summt eine Melodie von Marie Laforêt: *„Au printemps, au printemps, au printemps, j'aurai seize ans. Vive la vie, vive l'amour et vive le vent. Je prendrai un ami, un amant ou un mari … lalalala.“*

Marie-Line, Marie-Line, dachte ich und bewunderte insgeheim wieder einmal die Französinnen. Immer mehr erschienen sie mir als wahre Göttinnen des Selbstbewusstseins. Sie mögen sich, dachte ich. Jedenfalls mehr als deutsche Frauen sich mögen. Ich kannte zu Hause eigentlich keine Freundin, die nicht einen stillen Kampf gegen irgendeines ihrer Körperteile führte. Anstatt sie einfach schön zu verpacken.

„*Salut, ma chère*. Du musst mir mal helfen." Überraschend ist Alix zwischen den Kleiderpuppen aufgetaucht, die ich gerade dekorieren soll. Nichts Kreatives natürlich. Das Dekoteam unseres Luxustempels hat verlauten lassen, man wolle jetzt auf allen Etagen die neuen „Themen" des Herbstes sehen. Also drapiere ich Spitze in den Farben von Waldbeeren. Brombeere, Preiselbeere, Blaubeere, Himbeere. Als meine Mitbewohnerin kommt, kämpfe ich gerade mit einem holunderfarbenen Strumpf, der immer wieder herunterrutscht.

„Mit Vergnügen, Madame. Wenn Sie vielleicht kurz dieses Bein halten würden. Ich suche ein wenig Tesafilm und bin dann gleich für Sie da."

„*Écoute*", sagt sie. „Ich brauche was Ultramodernes. Rot am Liebsten."

„Muss es rot sein, Madame? Ich hätte da eine ganz exklusive Kombination in Mauve."

„Nichts da. Ich meine es ernst. Und es muss rot sein. Rot ist revolutionär."

Langsam fällt der Groschen.

„Verstehe, der chinesische Maler ist eingetroffen. Dann kann ich Ihnen das Modell Mao von ‚Alumette' anbieten. Rote Microfaser und Satin mit eingearbeitetem Push-up. *Très séduisant*."

„Du machst dich lustig über mich. Aber warte ab, bis du ihn gesehen hast. Ich sage dir, im Osten liegt die Zukunft."

Unterdessen verwandelt sie sich in der Kabine in eine flammende Marianne.

„Ist er Kommunist?"

„*Bon sang!* Um Himmels Willen, nein. Du musst dir nur mal seine Bilder anschauen. Du kommst doch zur Vernissage, oder? Und bring jemanden mit, wenn du magst." Sie drückt mir eine Einladungskarte in der Farbe eines Sonnenaufgangs in die Hand: *„L'Est s'éveille"*. In Paris erwacht der Osten. Ich war sicher, nach diesem Einkauf würde er nicht allein erwachen müssen.

Am fraglichen Abend schlendere ich mit Gaetano eine kleine Straße *rive droite* entlang. Alle paarhundert Meter ein ähnliches Bild: erleuchtete Schaufenster, auffällig gekleidete Menschen mit interessanten Brillen drängeln sich in weiß strahlenden Räumen und sind so raffiniert drapiert, dass man im ersten Moment nicht genau weiß, ob sie im Gegensatz zu den an den Wänden verteilten Objekten nicht das eigentliche Kunstwerk sind. Doch nach einer Weile wird es ihnen langweilig, und sie wechseln den Rahmen. Schließlich hat man hier alle gesehen und kann nicht ausschließen, dass bei der Eröffnung nebenan nicht *noch* aufregendere Menschen sind. Von Ferne gleicht das Ganze einem einstudierten Ritual, das pünktlich einmal im Monat an einem Donnerstagabend stattfindet. Wie ein Bienenschwarm fliegt dann die Kunstszene in ein bestimmtes Viertel ein und vollführt nach einem geheimen Code ihren Schwänzeltanz. Wir fliegen mit und lassen uns von einem hellblau erleuchteten Fenster anziehen. Drinnen ist es, als befände man sich auf dem Grund eines sehr sauberen Swimmingpools. Aus den Boxen in der Ecke fließt langsame Musik. Eine Art Unterwasserlounge. Leider macht blaues Licht alt. Das Paar neben mir ist bestimmt noch keine dreißig, sieht aber aus wie Mireille Mathieu und Johnny Halliday.

„Mein Gott, Didier *malt* auch nur noch. Wo ist sein Duktus geblieben?!"

„Warst du schon bei Danièle? Sie hat diesen irren Deutschen bekommen. Den mit den Tierbildern, du weißt schon."

„Die Arme, der ist doch schon längst nicht mehr heiß."

Ich verstehe kein Wort. Um ehrlich zu sein, ist das überhaupt meine erste Vernissage. Zu Hause wäre ich nie auf die Idee gekommen, mich mit einem Glas Sekt vor ein paar Bilder zu stellen und mangelnden Duktus zu beklagen. Es hätte mich auch niemand dazu eingeladen. Aber die Pariser sind da sowieso anders. Mag sein, dass ich es idealisiere, aber mir scheint, für sie gehören Kunst und Kultur viel mehr zum alltäglichen Leben, als das in Deutschland der Fall ist. Wann immer man ein Museum betritt, sind mindestens zwei Schulklassen da, die höchst professionell über den Meißelschwung von Aristide Maillol diskutieren, und als ich einmal die Donnerstagabendöffnung einer Matisse-Schau besuchte, stellte ich überrascht fest, dass die meisten Besucher Anzug und Kostüm trugen und offenbar ihren Bürofeierabend hier verbrachten.

Trotzdem ist so eine In-Vernissage etwas anderes. Zum Glück ist Gaetano da, der weiß, wie man sich hier richtig verhält. „Auf keinen Fall zu lange vor irgendetwas stehen bleiben", sagt er. „Du musst wissen: Dem Kenner genügt ein einziger Blick."

Die Ausstellung heißt *„Les Larmes des poissons dans l'océan"*, die Tränen der Fische im Ozean. Im Raum verteilt stehen ein paar Glaskästen, in denen Fischskelette schwimmen.

Sie sind nicht echt. Der Künstler hat sie in akribischer Bastelarbeit selbst gebaut. Auch die Arten, die in seinen Aquarien schwimmen, gibt es in der Natur nicht. Ein Verweis auf die schöpferische Kraft der Kunst. Neben mir sagt jemand zu seiner Begleiterin: „Also, ich finde den Titel nicht korrekt. Fische weinen nicht. Sie haben keine Tränendrüsen."

Plötzlich taucht Gaetano neben mir auf: „Recht hat er. *On y va!*"

Bei Alix ist es gerammelt voll. Gegenüber dem Eingang zwinkert uns ein drei mal drei Meter großes Mao-Mädchen mit Zöpfen entgegen. Direkt darunter steht Alix und redet wild auf einen kleinen Dicken mit gelber Hornbrille ein. Die Hitze im Raum hat ihre Wangen gerötet und den Lippenstift an den Rändern leicht ausgefranst. Das macht aber nichts, denn der Dicke starrt sowieso nur auf ihr Dekolleté. Ich beglückwünsche mich heimlich zu meiner gelungenen Verkaufsberatung und schaue mir mit einem einzigen Kennerblick die Bilder des Chinesen an. Die meisten sind schlichte Portraits, an denen dann aber doch etwas anders ist. Der Soldat trägt statt des Parteiabzeichens einen Coca-Cola-Button, die Fabrikarbeiterin eine Gucci-Handtasche – und bei dem Mao-Mädchen blitzt ein roter BH unter dem Einheitskittel hervor. Ich schaue von ihr zu Alix und denke: Der Chinese mag ja Witz haben, aber gegen sie kommt er nicht an. Alix überlässt nichts dem Zufall. In diesem Moment kommt mir wieder einmal zu Bewusstsein, wie meilenweit ich noch immer davon entfernt bin, eine Pariserin zu sein. Und dass es noch eine Menge zu lernen gibt.

Dann hat sie uns entdeckt. Sie lässt den Dicken kurzerhand stehen und steuert nach rechts und links lächelnd auf uns zu. „*Enfin!* Den bin ich los."

„Wer war denn das?"

„Pffft! Einer der Kuratoren vom Centre Pompidou. Sie wollen Xing vielleicht für eine Ausstellung zeitgenössischer chinesischer Malerei. Aber ich glaube, er will nur mit mir essen gehen. – Habt ihr euch schon alles angesehen? Ich muss mich leider noch ein wenig um unsere Gäste kümmern."

Und schon war sie wieder weg. Gaetano amüsierte sich einen Raum weiter im Gespräch mit einem blassen Jüngling. Es blieb mir also allein überlassen, den Künstler ausfindig zu machen, der, seien wir ehrlich, der wahre Grund war, an diesem Abend dort zu sein.

Ich sah mich also nach „dem" Chinesen um, den ich irgendwo unter all den Gästen vermutete. Und musste dann feststellen, dass es sehr viele waren. – Natürlich leben sehr viele Chinesen in Paris, aber ich hatte sie eben in Belleville verortet, in den Schneiderstuben und den kleinen Läden, in denen lackierte Enten im Fenster hängen.

Später befragte ich Jean-Luc dazu. „Oh ja!", rief er. „Die Geschichte der asiatischen Einwanderer in Paris ist viel länger und vielschichtiger, als man allgemein annehmen möchte. Die erste große Immigrantenwelle kam schon mit dem Ersten Weltkrieg nach Frankreich. Über zehntausend Chinesen aus der Region Wenzhou wurden damals angeworben, um französische Arbeiter, die an der Front im Einsatz waren, zu ersetzen. Das chinesische Viertel war damals um den Gare de Lyon herum, später im Quartier du Sentier. Der nächste Einwandererschub folgte dann erst wieder in den 80er Jahren, nachdem die chinesischen Kommunisten die Ausreisekontrollen gelockert hatten. Damals sind all die kleinen Schneiderstuben entstanden, und natürlich die ‚Chinatowns' in Belleville und im 11. und 13. Arrondissement. Wenn du Lust hast, fahr mal zu ‚Tang Frères' in der Rue d'Ivry. Das ist Paris ältester asiatischer Supermarkt. Du kannst Stunden dort verbringen, ohne ein Wort Französisch zu hören.[22] Das Problem heute ist, dass viele Immigranten illegal hier sind. Sie sprechen kaum französisch und haben keine Aufenthaltsgenehmigung. Wenn sie von den Behörden erwischt werden, kann es sein, dass man sie abschiebt."

„Aber du willst mir jetzt nicht weismachen, dass die sich auf der Vernissage eines Pekinger Dissidentenkünstlers tummeln."

„Wie ich schon sagte, es ist vielschichtiger: In den 80er Jahren, vor allem nach dem Massaker auf dem Platz des

---

[22] Ich weiß nicht, wie es Ihnen geht, aber Beschreibungen wie diese lösen bei mir immer sehr romantische Vorstellungen aus. Unbekannte Früchte, lächelnde Buddhafiguren, Konserven geheimnisvollen Inhalts. Exotische Parallelwelten, in denen man für ein paar Stunden sich selbst vergessen kann. – So ist es ganz und gar nicht. Im 13. Arrondissement zum Beispiel besteht das Quartier chinois aus bis zu 30-stöckigen Hochhaustürmen rund um die Avenue de Choisy, Avenue d'Ivry und den Boulevard Masséna. Die Fünfte Republik ließ sie Anfang der 1970er Jahre errichten. „Italie XIII" hieß das Projekt, wegen der nahe gelegenen Place d'Italie, und der Traum der Architekten war der, dass in Zukunft nicht mehr Straßen, sondern Hochhäuser die Struktur der Stadt bestimmen würden. Und weil der heißeste Baustil damals der Brutalismus war, wollte man auch möglichst viel rohen Beton zeigen. Sie können sich das heute vorstellen: brutal hässlich. Zum Glück wurde das Projekt 1974 wieder gestoppt. Der neue Präsident Valéry Giscard d'Estaing ertrug den „Béton brut" nicht, und die jungen, weißen, der Moderne gegenüber aufgeschlossenen Familien, die dort hätten wohnen sollen, blieben auch lieber, wo sie waren. Stattdessen zogen asiatische Flüchtlinge nach Italie XIII, die sich wegen der hohen Mieten eine Wohnung meist mit zwei oder drei Familien teilten. Viele von denen, die hier vor mehr als dreißig Jahren ihre erste Zuflucht fanden, leben inzwischen in anderen Quartiers, neue Einwanderer sind nachgerückt. Aber ich habe Jean-Luc unterbrochen …

Himmlischen Friedens, emigrierten auch viele chinesische Künstler und Intellektuelle nach Paris. Andere haben hier studiert und durften anschließend wegen regimekritischer Äußerungen nicht mehr nach China einreisen. Sie bilden eine ganz eigene *communauté* …"

„So wie wir auch", sagte ich. Doch Jean-Luc hörte mich nicht.

„… und dann darfst du natürlich nicht die vietnamesischen, koreanischen und kambodschanischen Einwanderergruppen vergessen! Es leben über zwanzigtausend Asiaten in Paris. Nach dem Indochinakrieg zum Beispiel …"

„Jean-Luc", versuchte ich, ihn möglichst sanft zu unterbrechen, „das ist sicher alles sehr interessant, aber meinst du nicht, wir sollten jetzt lieber noch etwas aufräumen, bevor Monsieur Jacques eintrifft?"

„Wie? – Oh. Ja. Vielleicht hast du Recht."

„*Très bien.* Dann mache ich die Küche, und du könntest vielleicht die Katzenhaare vom Sofa saugen. Paul verliert verdächtig viele Haare zurzeit."

„Ja, ich mache mir auch schon Sorgen. Vielleicht sollte ich mal mit ihm zum Tierarzt gehen?"

„Ach, weißt du. So eine Katze ohne Haare hat auch ihren Reiz. Dann hätte auch dieser Typ von Alix keine Allergieprobleme mehr – wie hieß der noch gleich, Jérôme?"

Jean-Luc schmollte ein wenig, holte aber dennoch den Staubsauger. Wenig später sah ich einen entsetzten Kater Paul durch den Flur rennen. Er hasste Lärm jeglicher Art, und den Staubsauger hielt er für eine wahre Höllenmaschine. Zu seinem Glück kam der bei uns nicht allzu oft zum Einsatz. Jetzt aber musste es sein. Monsieur Jacques hatte sich angekündigt, und obwohl wir sicher waren, dass unser Vermieter den Unterschied überhaupt nicht wahrnehmen würde, führte eine innere Verpflichtung dazu, dass dem monatlichen Zahltag immer ein Putztag vorausging. Kein Spaß bei all dem Nippes. Andererseits hatte der Minimalismus im französischen Großbürgertum nie eine Chance. Monsieur Jacques jedenfalls hielt Design für etwas, das in H.L.M.-Wohnungen[23] gehörte.

„*Bonjour*, meine Liebe. *Comment ça va*? Was machen Ihre Sprachkenntnisse? Lesen Sie Le Monde?"

Monsieur trug die gleiche rostbraune Cordhose wie immer, war aber offenkundig beim Friseur gewesen. Gleich zu Beginn unserer Bekanntschaft hatte er mir empfohlen, vielleicht auch be-fohlen, täglich Le Monde zu studieren und jedes mir unbekannte Wort herauszuschreiben und nachzuschlagen. Seiner Meinung nach die effektivste Methode, eine fremde Sprache zu lernen. Ich hatte es ein einziges Mal versucht. Danach musste Georg mich mal wieder telefonisch trösten und mir sagen, dass ich schon ganz gut Französisch könne und es nicht meine Schuld war, dass ich beinahe die gesamte Zeitung hätte abschreiben können. „Das wäre doch umgekehrt so, als würdest du hier so einem armen Franzosen, der gerade drei Monate unter uns weilt, das Feuilleton der FAZ in die Hand drücken!", rief er. „Der würde auch weinen."

Das half. „Wusstest du", schnupfte ich, „dass es diesen Begriff im Französischen gar nicht gibt? Feuilleton bedeutet hier Fortsetzungsroman."

„Na ja", knurrte er, „da haben diese Franzosen ja ausnahmsweise sogar mal Recht."

Seither las ich jedenfalls Libération und hatte keinerlei schlechtes Gewissen dabei. Natürlich belog ich Monsieur

---

[23] H. L. M. ist die Abkürzung für *Habitation à Loyer Modéré*, was nichts anderes als Sozialwohnung bedeutet.

jetzt trotzdem. Daraufhin wurde ich von ihm zu einer Tasse Tee eingeladen.

„*Bonjour Mademoiselle,* ich bin Claudine Lefèvre. Aber nennen Sie mich einfach Claudine."

Sie saß auf dem Sofa, direkt auf Kater Pauls Lieblingsplatz, nippte am Sèvres-Porzellan und sah aus wie eine Bonbonniere von Lafayette. Alles an ihr war rosa, oder sagen wir ruhig *hot pink,* und es fehlte nur noch eine Schleife, um das Ensemble perfekt zu machen. Monsieur Jacques schenkte chinesischen Tee nach und dann plauderten die beiden munter drauflos, als täten wir dienstagnachmittags nie etwas anderes. Unser Thema heute: das Leben in Frankreich im Allgemeinen und in Paris im Besonderen beziehungsweise das schönste Land und die beste Stadt der Welt. *Pourquoi pas,* dachte ich und fügte mich drein, meinen freien Tag einfach zu vergessen. Was ich damals noch nicht wusste: Diese rosaroten Nachmittage waren Monsieur Jacques' Geheimnis. Denn bei Claudine Lefèvre handelte es sich um seine Geliebte.

„Was glaubst du, warum Madame Piceur so sehr darauf brennt, die Wohnung zu verkaufen?", grinste Alix, als sie mich über Monsieurs Teestunden aufklärte.

Nachdem Claudine mit vielen grauen Katzenhaaren am Rock die Rue du Rocher No. 8 verlassen hatte, konnte man zum zweiten unverzichtbaren Bestandteil eines jeden Piceur'schen Parisaufenthaltes übergehen: dem gemeinsamen Abendessen. Er liebte es. Die Reihenfolge war immer dieselbe. Es begann damit, dass Monsieur unsere Mieten kassierte. Dann stopfte er die eingenommenen Scheine lässig in die Hosentasche und machte sich auf eine kleine Runde durchs Viertel. *Traiteur,* Gemüsemann, Bäcker, *Fromagerie.* Anschließend kehrte er schwer beladen heim, breitete seine Schätze in der Küche aus und öffnete die erste Flasche. Alle mussten kommen und mittrinken. Ich muss zugeben, dass es mir manchmal in der Seele wehtat, zuzusehen, wie er mein sauer verdientes Geld verprasste: Champagner, Ziegenkäse, Steinpilze, frische Feigen, riesige Camemberts, Pâtes, Mousse au Chocolat, die eine oder andere Flasche Châteauneuf-du-Pape. Andererseits konnte man ihm keinen Vorwurf machen. Schließlich würden wir im Verlaufe des Abends alles gemeinsam aufessen. Jeder bekam eine Aufgabe, und wenn alles geschält, geschnitten und geputzt war, lernten wir unter Monsieurs Aufsicht die Zubereitung avancierter französischer Hausmannskost. Keine Zwiebel wurde gebräunt, ohne dass er diesen Vorgang nicht überwacht hätte. Ich glaube, er ging – nicht zu Unrecht – davon aus, dass keiner seiner Untermieter allzu viel Zeit am Herd verbrachte. Zuerst fand ich diese Abende irgendwie lästig, ich mag nicht herumkommandiert werden, und als etwas anderes konnte man seine Anleitungen wirklich nicht bezeichnen. Heute vermisse ich diese Abende unter der Korblampe, und obwohl ich jedes Gericht dutzende Male nachgekocht habe – es hat nie wieder so gut geschmeckt wie damals. Aber auch das habe ich bei Monsieur Jacques gelernt: Ein gutes Essen ist etwas Herrliches und außerordentlich selten. Und es lässt sich (fast) nie in derselben Art und Weise wiederholen.

An diesem Abend – unser Patron hatte beschlossen, dass es eine Ratatouille geben würde – fehlte Alix. Monsieur passte das gar nicht. „Immer kommt sie zu spät!“, klagte er. „Aber das kommt daher, dass man heutzutage in den Familien nicht mehr gemeinsam isst. Nur noch *fast food*, wo soll da soziale Verbundenheit entstehen?!“

Bevor er jedoch zum Verfall der Nation kommen konnte,

klingelte das Telefon und Alix kündigte ihr baldiges Erscheinen an – in Begleitung von Xing, dem göttlichen Maler. Monsieur Jacques schwankte einen Augenblick zwischen Eifersucht und Freude, beschloss dann aber, die Gelegenheit nicht ungenutzt zu lassen, einem Fremden die Größe von *la cuisine française* zu demonstrieren. In höchster Eile wurde umdisponiert und Jean-Luc mit der Aufgabe betraut, von irgendwoher einen ganzen Hasen zu beschaffen, küchenfertig, versteht sich.

Als Alix schließlich mit dem ahnungslosen Xing in der Tür stand, waren Jean-Luc und ich schweißgebadet, hatten aber ein tadelloses Viergangmenü zu Stande gebracht. Salat mit Roquefort und Nüssen. Hase in Estragon. Ratatouille. Käse. Crème brûlée (zugegeben, die war gekauft). Monsieur hatte sich derweil um die Temperatur des Weins gesorgt. Was einen Franzosen so glücklich macht. Oder machte. Denn er hatte natürlich Recht. Auch in Frankreich ist *„le tout-prêt"*, das Fertiggericht, auf dem Vormarsch. Es trifft dessen Gegner umso härter, als dass es nicht nur einen Verlust der familiären Tradition bedeutet, sondern vor allem ein Zeichen fortschreitender AMERIKANISIERUNG ist. Auch dazu hatte Monsieur eine dezidierte Meinung. Jetzt aber reichte er die zweite Flasche Champagner und rief: *„Santé!"*

Wie sich herausstellte, sprach Xing außer seiner Muttersprache nur Englisch. Damit konnte er bei Monsieur Jacques natürlich nicht landen. Alix versicherte jedoch mehrfach, er verstünde Französisch nahezu perfekt. Ich hatte meine Zweifel, aber unser Vermieter war selig und schenkte nach. Ihm genügte das, und vermutlich wäre Xing sogar mit Sorbonne-Diplom nicht zu Wort gekommen. Monsieur hatte nämlich einst selbst einige Zeit in China verbracht, als „Pionier" seiner Firma, wie er es nannte, und sein eigentliches Glück an diesem Abend bestand darin, davon berichten zu können.

Wie immer war nicht ganz klar, in welchem Jahrhundert er sich bewegte, aber es klang, als habe er den Kaiser noch persönlich gekannt. Jedenfalls begriff ich allmählich, dass all die Holzschnitte, Vasen und Seidenparavents in unserer Wohnung echt waren. Ob deutsche Hausratversicherungen auch im Ausland zahlen würden?

Xing lachte viel und sagte in regelmäßigen Abständen *„Ah, oui"* und *„Very interesting!"* Er hatte seine Rolle an dieser Tafel voll und ganz begriffen. Er trug Jeans und Cowboystiefel und ein nagelneues Hemd von Jean-Paul Gaultier. Alix himmelte ihn an, während er brav Jean-Lucs Hasen aß. Wir alle waren froh, heute einmal nicht den Wissensdurst unseres Vermieters zum Thema „die junge Generation und ihre Pläne" stillen zu müssen. Monsieur war nun voll in Fahrt: „Der Kommunismus ignoriert das menschliche Bedürfnis nach Schönheit! Deswegen wird er nicht ewig sein. Nur das Schöne kann ewig sein! Sehen Sie sich Chartres an, Amien – die Kathedralen! Waren Sie schon einmal in Saint-Denis? Das ist Schönheit, das ist Kunst! Im Kommunismus kann keine Kunst entstehen."

„Oui, oui", sagte Xing und lächelte und nickte, und ich war mir nun endgültig sicher, dass er kein Wort verstand. Monsieur aber ließ sich nicht beirren. Zwischendurch verkündete er: „Es muss mehr getrunken werden!", und schwenkte großzügig den Bordeaux.

„Non, non!", wehrte Xing ab, sobald sich die Flasche seinem Glas näherte, und lächelte, aber er hatte keine Chance. Abstinenzler verabscheute Jacques Piceur noch mehr als Kommunisten. Und so nahm das Drama seinen Lauf.

Ich weiß nicht, ob Sie schon einmal mit einem Asiaten trinken waren oder einen dabei beobachtet haben, zum Beispiel beim Oktoberfest. Es ist so: 46 Prozent der Japaner und sogar 56 Prozent der Chinesen fehlt das Enzym ALDH. Keine

Ahnung, wie es um die übrige Weltbevölkerung steht, der hellhäutige Europäer zumindest hat es, und deshalb kann er trinken. Denn im Körper verwandelt sich Alkohol zunächst in den sehr unangenehmen Stoff Acetaldehyd und dann dank ALDH in harmloses Acetat. Asiaten hingegen sind dem Acetaldehyd ausgeliefert, und was das heißt, konnte man nun bei dem armen Xing beobachten. Experten nennen es das Flash-Syndrom, und so kann man es sich auch getrost vorstellen. Knallroter Kopf, Hitzewallungen, absolute Kommunikationsunfähigkeit. Gut, Letzteres spielte keine Rolle, aber trotzdem. „Ist ihm nicht gut?", fragte Monsieur Jacques, während Alix und Jean-Luc unseren Gast im Salon aufs Sofa betteten. „Vielleicht eine Käse-Allergie?" Ich verzichtete auf Aufklärung und wandte mich der Crème brûlée zu. *„À propos"*, sagte er in die unvermittelte Stille hinein. „Bevor ich es vergesse – Sie bekommen einen neuen Nachbarn. Ein sehr charmanter junger Mann. Er zieht Anfang des Monats ein."

Auch mir fehlte offenbar genügend ALDH oder es hatte bereits kapituliert, jedenfalls drang die Brisanz dieser Nachricht nicht mehr zu mir durch. *„Bonne nuit, Monsieur"* war das Einzige, was ich noch zu Stande brachte. Alix, Jean-Luc und Xing waren nicht wieder aufgetaucht.

„Psst! Éveille-toi!"

Alix vor meinem Bett. „Kann ich bei dir schlafen? Xing liegt in meinem Bett und schnarcht. *Il est rond comme une bille."*[24]

„Was für ein Weichling", murmele ich und rücke.

---

[24] Wörtlich: Er ist rund wie eine Kugel. Soll heißen: Er ist voll wie eine Strandhaubitze.

Am nächsten Morgen:

„Bon Dieu, j'ai la gueule de bois!"[25] Jean-Luc stöhnt. Mich freut das. Endlich mal eine menschliche Regung von ihm.

„Mpf", macht Alix und löst sich ein *Aspirine* in Wasser auf. Paul streicht schnurrend um unsere Beine. Monsieur Jacques ist längst wieder unterwegs. „Wie geht es Xing?", frage ich.

„Mpf", macht Alix. Dieses Thema hat sich wohl erledigt. Schweigend trinken wir Tee, bis es mir wieder einfällt. „Wisst ihr schon: Es zieht noch jemand ein. Er hat es gestern ganz beiläufig erwähnt. Ein *sehr netter junger Mann*."

Manchmal wirken Neuigkeiten besser als Aspirin: „Wie bitte? *Tu rigoles!* Soll das hier eine Massenunterkunft werden?!"

Sie übertrieb. Aber ich hatte auch keine Scherze gemacht.

---

[25] Avoir la gueule de bois: einen Kater haben.

Französisch für Anfänger IV –
Ratatouille à la Jacques für 8 Personen

Les ingrédients / Die Zutaten

6 belles tomates / 6 schöne Tomaten
5 aubergines / 5 Auberginen
1 oignon / 1 Gemüsezwiebel
5 courgettes / 5 Zucchini
1 poivron vert / 1 grüne Paprika
2 poivrons rouges/ 2 rote Paprika
3 gousses de l'ail / 3 Knoblauchzehen (zugegeben, Monsieur nahm acht)
1 bouquet garni / frische Kräuter (Thymian, Lorbeer, Rosmarin)
huile d'olive, sel, poivre / Olivenöl, Salz, Pfeffer

Es gibt Frevler, die außerdem noch andere Dinge hinzufügen wollen: Karotten, Kartoffeln oder gar Erbsen. Niemals hätte dergleichen Eingang in eine Ratatouille von Monsieur Jacques gefunden. Auch Brühwürfel und Tomatenmark sind Zutaten, die richtiges (sprich unter der Sonne Frankreichs gereiftes) Gemüse nicht braucht. Allenfalls ein Spritzer frischen Zitronensafts ist noch erlaubt.

La préparation / Die Vorbereitung (sehr wichtig und mit großer Sorgfalt auszuführen)

Mondez les tomates: Plongez-les 30 s dans l'eau bouillante et pelez-les. Puis épépinez-les et coupez-les en quartiers.
Lavez et coupez les aubergines en petits cubes.

Lavez et coupez les courgettes en rondelles.
Lavez, épépinez et coupez les poivrons en carrés.
Coupez les gousses d'ail en deux en leur otant le germe.
Emincez l'oignon.

Die Tomaten 30 Sekunden lang in kochendes Wasser geben und enthäuten. Danach entkernen und vierteln.
Die Auberginen waschen und würfeln.
Die Zucchini waschen und in Scheiben schneiden.
Die Paprika waschen, entkernen und in Würfel schneiden.
Die Knoblauchzehen halbieren und dabei den Keim entfernen.
Die (gehäutete) Zwiebel in dünne Scheiben schneiden.

Réalisez la cuisson / Die Zubereitung

Dans une cocotte, commencez par faire revenir dans 4 cuillères à soupe d'huile d'olive les morceaux d'aubergine à feu doux.

Lorsqu'elles commencent à colorer, ajoutez les tomates, les courgettes, l'oignon, les poivrons, les gousses d'ail et le bouquet garni. Laissez cuire à feu doux et à couvert pendant 35 mn. Otez le couvercle, ajoutez 2 cuillères à soupe d'huile d'olive, salez et poivrez et laissez cuire à nouveau 30 mn à découvert et à feu doux.

Erhitzen Sie in einem Schmortopf bei sanfter Hitze gut vier Esslöffel Olivenöl und braten Sie darin die Auberginen an.

Sobald diese bräunen, fügen Sie Tomaten, Zucchini, Zwiebel, Paprika, Knoblauch und die Kräuter hinzu. Nun lassen Sie das Ganze bei gleichmäßiger Hitze zugedeckt

35 Minuten lang schmoren. Dann fügen Sie zwei weitere Esslöffel Öl hinzu und salzen und pfeffern kräftig. Anschließend lassen Sie das Gemüse noch einmal für eine halbe Stunde bei offenem Topf köcheln.

Ratatouille passt zu Fleisch oder Omelett oder ist sich selbst genug. Bon appétit!

Oktober – Le Munster

6. Kapitel, in dem Thierry in unser Leben tritt, Alix wahnsinnig wird und ich ein doppelt schlechtes Gewissen bekomme.

Erkenntnisse: Das Problem Elsass-Lothringen ist noch nicht ausgestanden.
Aufgabe des Monats: Einen Käse mit Goldmedaille finden.

Also, es hatten weder Monsieur Jacques noch ich gescherzt, und so stand eines Tages Thierry in der Tür. Es muss ein Wochenende gewesen sein, jedenfalls saßen wir gerade beim Frühstück.

„*Salut les gars*! Hallo, Jungs!" Damit kommt er unserer Feministin Alix natürlich gerade recht. Sie zündet sich betont langsam eine Zigarette an und schaut an unserem neuen Mitbewohner vorbei auf Sacré Cœur am Horizont. Thierry zuckt die Schultern, sagt „Na dann" und beginnt mit dem Einzug. Zehn Pappkartons und eine IKEA-Lampe, dann sind wir zu viert. Durch die geschlossene Tür dringen ein paar Rumpelgeräusche (es ist nicht so, dass wir das Geschehen nicht aufmerksam verfolgen), dann tönt „*Que reste-t-il de nos amours*" in der Version von Patrick Bruel durch die Tür. „So einer also", sagt Alix, und damit ist das Thema für sie erledigt.

Marie-Antoinette hätte es nicht besser gemacht, dachte ich, und in Erinnerung an Saint-Tropez kam mir zum zweiten Mal der Verdacht, bei der großen Französischen Revolution und ihren Grundsätzen von Égalité, Liberté und Fraternité könnte es sich um eine reine Pro-forma-Angelegenheit gehandelt haben. Nur weil Thierry ganz offensichtlich anderen Umgang pflegte als sie, musste man ihn doch noch lange nicht so behandeln, dachte ich aufgebracht. Aber dann ... Es war nicht wegen der hautengen Jeans und der Motorradstiefel. Auch seine Art, sich auszudrücken, begriff ich eher als eine interessante Erweiterung meines Vokabulars. Charme und Esprit schien er nämlich für eine Sache zu halten, die man Leuten überlassen kann, die sonst nichts zu tun haben.

Selbst folgende Entdeckung konnte mich noch nicht umstimmen: „Ich fass' es nicht!" Alix war, ohne sich darum zu scheren, dass ich gerade beim Zähneputzen war, ins Bad spaziert und machte sich jetzt an der Waschmaschine zu schaffen. „Waf enn?", fragte ich vom Waschbecken her. „Sieh dir das an! Ich werde wahnsinnig!" Auf ihrem Gesicht ein seliges Grinsen. „Wen will er denn damit verführen!" Mit spitzen Fingern zog sie ein nasses Etwas aus der Maschine. Es war ein Herrentanga.

Sie fragen sich wahrscheinlich, wie so ein Typ überhaupt bei Monsieur Jacques' Untermieter werden konnte. Nun, mir war das auch ein Rätsel. Männer wie er, dachte ich, sind in dem Alter längst verheiratet. Und vorher wohnen sie zu Hause bei Mama, aber niemals in einer Wohngemeinschaft. Trotzdem war ich noch immer bereit, ihn zu verteidigen. Mit Thierry war eben ein anderes Paris bei uns eingezogen. Eines, in dem der Fernseher zwölf Stunden am Tag als Hintergrundgeräusch lief (er hatte dazu eigens einen riesigen Flachbildschirm auf eine von Monsieur Jacques' wackligen Louis XV.-Kommoden gewuchtet, welcher zusammen mit der

Stereoanlage das Herzstück seiner Einrichtung darstellte), in dem abgesehen von Le Parisien das gedruckte Wort ignoriert und Höflichkeit – also zum Beispiel die Überlegung, dass eventuell nicht alle den gleichen Musikgeschmack haben – als eine Form von Energieverschwendung angesehen wurde.

Aber dann …

… öffnete ich eines Tages den Kühlschrank.

„Jean-Luc, schnell! Der Kühlschrank! Jemand muss irgendetwas da drinnen vergessen haben."

Gemeinsam starrten wir in unseren *frigo*. Es stank wie die Pest. Und da lag „es" – orangerot, kreisrund, und atmete unter einer Pergamentschicht hervor. „Tja", sagte Jean-Luc, „das musst du wohl mit Thierry besprechen. Es ist sein Fach." Falls ich es vergessen habe zu erwähnen, Thierry bestand auf einem eigenen Kühlschrankfach. Außerdem hatte er Alix gebeten, in der Küche nicht mehr zu rauchen. Sie können sich ja ihre Reaktion vorstellen. Aber zurück zum Kühlschrank.

„Was gibt es denn da zu besprechen? Das muss weg." Entschlossen packte ich das Pergament und warf das schmierige Ding in den Müll. „Ich habe damit nichts zu tun!", rief Jean-Luc mir hinterher, als ich mich samt Mülleimer auf den Weg nach unten machte. Naiv und unwissend wie ich (immer noch) war.

„OÙ EST LE MUNSTER?!" Der Schrei war markerschütternd und lockte uns alle in die Küche. Thierry stand vor dem geöffneten Kühlschrank. Noch immer drangen leichte Schwaden des unglaublichen Gestanks daraus hervor. „Ich habe das weggeschmissen", sagte ich. „Es war nicht mehr gut." Irrte ich, oder bemerkte ich ein leichtes Lächeln auf Jean-Lucs Lippen. Alix kicherte. *„T'es géniale, toi!"*, gluckste sie. „Du bist genial!"

Thierry sah das anders: „Bist du wahnsinnig!" Er starrte mich an. „Ich glaub' das nicht. Wirft einen *Munster fermier à la médaille d'or* in den Müll. *Putain*, so was bringt wirklich nur eine Deutsche fertig!"

Dann knallte eine Tür.

„*C'est magnifique!*" Alix kriegte sich gar nicht wieder ein. „Du hast seinen Goldmedaillen-geschmückten, von elsässischen Bauern handgebürsteten Käse weggeworfen. Wundervoll!"

„Ja, doch. Ich hab's ja verstanden. Aber was mache ich denn jetzt. Wieder rausholen geht nicht. Meint ihr, dass ich ihm einen neuen kaufen sollte?"

„Ah, pfft!", machte Alix. „Wozu arbeitet er bei Rungis." Der *Marché international de Rungis* ist der Großmarkt von Paris, und vermutlich wimmelt es dort von den unglaublichsten Käsesorten mit und ohne Goldmedaille (die Franzosen veranstalten regelrechte Käsiaden), dennoch konnte ich nicht lachen. Ich hatte ein schlechtes Gewissen. In dieser Nacht träumte ich von gewaltigen Käsebergen, es waren vermutlich die Vogesen, von deren Gipfeln mir Thierry entgegenrief: „Das bringt wirklich nur eine Deutsche fertig!"

Französisch für Anfänger V

Die Vogesen waren immer ein heikler Teil in der Geschichte der deutsch-französischen Beziehungen. Schuld daran war jedoch nie der berühmte Münsterkäse, der hier schon seit dem Mittelalter von Mönchen produziert wurde, sondern die Politik. (Falls Sie sich historisch auskennen, können Sie an dieser Stelle abkürzen.) Denn mit der Geschichte des Elsass verhält es sich – ich zitiere hier den genialen Elsässer Tomi Ungerer – wie mit einer „Toilette in der Mitte Europas: immer besetzt". Erst kam Cäsar, dann kamen die Alemannen, dann die Franken, dann die Karolinger, die Schwaben und die Staufer. Auch danach wurde das Gebiet mitsamt seinen Bewohnern noch einige Male vererbt, verpfändet oder eingenommen, bis es nach dem Dreißigjährigen Krieg aus dem Besitz des Habsburger Kaisers schließlich an Frankreich fiel. Das war zwischen 1641 und 1681. Nach der Französischen Revolution wurde es Teil der neu geschaffenen Republik, und allmählich setzten sich die französische Kultur und Sprache im Alltag der Elsässer durch. Kaum hatte man sich *dans l'Alsace* zwischen Strasbourg und Mulhouse daran gewöhnt, Franzose zu sein und Hugel statt Hügel zu heißen, gründeten die Deutschen ein Kaiserreich und entdeckten Ansprüche. Natürlich aus rein nationalen Gründen. Die Bergwerke und Eisenhütten? Nun, die würde man eben notgedrungen mit dazunehmen. Es folgten der Deutsch-Französische Krieg 1870/71 und die Niederlage bei Sedan – und Elsass und Lothringen waren Teil von Kaiser Wilhelms Reichs. Man spricht deutsch, lautete das Verdikt. Aus den Hugels wurden wieder die Hügels und Mulhouse zu Mühlhausen. Gefallen hat ihnen das nicht. Frankreich und Deutschland waren seitdem in heftigster Konkurrenz. Als zur Weltausstellung 1889 in Paris der Eiffelturm eröffnet wurde, befand sich auf einer der Plattformen auch ein Restaurant mit dem Namen „Alsace-Lorraine". Mit Blick in Richtung der Vogesen reichte man dort elsässische Weine und Spezialitäten. Ganz Paris sprach davon. Die Botschaft war einfach: Wer aus 7000 Tonnen Stahl den großartigsten und höchsten Turm der Welt bauen kann, muss sich um ein paar Industriegebiete an der Grenze nicht schlagen. Trotzdem wollte man sie natürlich wieder haben, als nach dem Ersten Weltkrieg der Versailler Friedensvertrag unterzeichnet werden musste. Die Elsässer wurden dazu zwar nicht befragt, aber viele empfanden die einrückenden Franzosen als Befreier. Es dauerte jedoch nur zwanzig Jahre, bis die Deutschen wieder vor der Tür standen, und diesmal hasste man sie wirklich. Wer sich weigerte, Hugel in Hügel zu ändern oder deutsch zu sprechen, hatte die Gestapo am Hals. Wie Deutsche wurden die Elsässer nicht behandelt. Zwar mussten sie ab 1942 Wehrdienst leisten, darüber hinaus herrschte jedoch der gleiche Terror wie in den anderen besetzten Ländern – bis 1945 die gesamte Region wieder in den französischen Staat integriert wurde. Auch wenn seitdem Frieden und Völkerfreundschaft herrschen, die eine oder andere emotionale Tretmiene ist dennoch liegen geblieben.

Ich beschloss also, meinen *faux pas* wiedergutzumachen. Es sollte sich nicht noch einmal die deutsch-französische Erbfeindschaft an Elsass-Lothringen entzünden, und so suchte ich den Käsehändler in der Rue Levis auf. *„Bonjour, Monsieur.* Ich brauche bitte einen Münsterkäse."

„Avec plaisir, Mademoiselle. Fermier, coopérative ou industriel?"

„Pardon?" Ich wusste, die Sache hat einen Haken.

„Nun, wir haben einen *Munster fermier* vom *Massif du Petit Ballon,* hergestellt in der *Ferme* Wassmatt; dann einen Münster aus Lothringen von der Kooperative in Bulgnéville und falls Sie es wünschen, hätten wir auch noch einen industriell erzeugten Münster." Letzteres sprach er mit größter Verachtung aus. Oh, göttliche Franzosen!

„Verstehe", sagte ich. „Eigentlich suche ich einen, der mit einer Goldmedaille ausgezeichnet ist."

„Ah!" Seine Miene erhellte sich. „Dann kommt eigentlich nur ein *fermier* in Frage. Wie viel bräuchten Mademoiselle denn in etwa?"

„Nun, ich dachte an einen ganzen."

„Désolé Mademoiselle, aber einen ganzen, unversehrten Münster haben wir heute nicht da. Die neue Ware trifft erst morgen ein."

„Und wird morgen einer dabei sein?"

„Kann sein, kann auch nicht sein."

„Aber Sie könnten einen für mich bestellen?"

„Möglicherweise ja – vielleicht aber auch nicht."

Entweder wollte er mich auf Knien sehen oder er stammte aus der Normandie. Ich sah jedenfalls schwarz für mein Projekt häuslicher und internationaler Friedensrettung.

„Aber kommen Sie doch morgen wieder. Ich werde sehen, was ich tun kann."

Ich hoffte inständig. Es ging natürlich nicht wirklich um den Käse. Wer weiß, wie lange man den Kühlschrank nicht würde öffnen können. Es ging um diesen Satz: „Das bringt wirklich nur eine Deutsche fertig!" Er hatte mich an einem wunden Punkt getroffen, den ich heute wesentlich besser verstehe als damals. – Damals wollte ich keine Deutsche sein, und er hatte mich daran erinnert, dass man in den Augen anderer zunächst einmal bleibt, was man ist, wie viele Kilometer man auch immer zurücklegt. Man selbst macht es nicht anders, doch hatte ich bis zu diesem Moment nicht wirklich darüber nachgedacht. Als ich noch in Deutschland lebte, hatte ich einen Nachbarn, Daniel. Er war Lehrer an einer Schule in Glasgow und nahm für ein Jahr an einer Art Austausch teil. Wann immer ich ihm in der ersten Zeit begegnete, bildete sich in meinem Bewusstsein der Satz: Das ist Daniel, und er ist Schotte. Das war keineswegs abwertend gemeint, und allmählich wurde er auch einfach Daniel für mich. Aber das dauerte eine Weile, und warum sollte es den Franzosen mit mir anders gehen. Nur hatte ich in meinem – vermutlich wenig erfolgreichen – Bemühen, mich so schnell und unauffällig wie möglich anzupassen, nicht damit gerechnet. Und nun kam Thierry, über den ich mich gerade noch lustig gemacht hatte, und sah in mir nur „die Deutsche". Noch dazu eine, die derart grob und kulturlos war, dass sie einen edlen Käse von einem vergammelten zu unterscheiden nicht in der Lage war.[26] Es kränkte mich, so gesehen zu werden, und das war mir als Gefühl neu und verwirrte mich. Wahrscheinlich hat jeder im Ausland schon einmal ähnliche Erfahrungen gemacht. Es ist der Moment, in dem man sich des gebrochenen

[26] Unter uns: Beim französischen Käse sind die Grenzen zwischen beiden Stadien im wahrsten Sinne des Wortes fließend.

Verhältnisses zur Geschichte der eigenen Nation bewusst wird. In Paris kommt dieser Moment früher oder später unweigerlich. Das hat zweierlei Gründe. Der eine ist, dass die Franzosen selbst ein völlig ungebrochenes Verhältnis zu *la France* haben. Sie mögen den ganzen Tag über die Regierung, die Behörden und die von beiden verschuldeten unsäglichen Zustände schimpfen, und dennoch sind sie aus tiefstem Herzen Patrioten. „Sicher, warum nicht?", antworten sie auf die Frage, ob sie denn stolz darauf seien, Franzosen zu sein. Mit Nationalismus hat das erst einmal nichts zu tun. Ein Unterschied, den die Deutschen meistens nicht hinbekommen. „Aber", wie Jean-Luc einmal meinte, „wir haben es auch ein bisschen einfacher als ihr. Wir hatten schließlich keinen Hitler."

Und der ist – im weitesten Sinne – der andere Grund, von dem ich oben sprach. Denn diese Zeit ist nicht vergessen. Noch immer werden jedes Jahr am 25. August, dem Jahrestag der Befreiung von Paris, in allen Straßen die Gedenktafeln der für die *Résistance*-Gefallenen mit frischen Blumen geschmückt, und noch immer kann man die Schatten der Großväter wahrnehmen, die vier Jahre lang die Stadt und das Land besetzt hielten.

Aber natürlich wollte ich trotzdem mit den *boches* nichts mehr zu tun haben und hoffte, *le Munster* würde mich retten, zumindest in den Augen Thierrys.

Nachdem es zwei Tage gestunken hatte, trafen wir uns endlich per Zufall am Haustor, wo ich auf Gaetano wartete. „Wär' nich nötig gewesen, der Käse."

„Oh, keine Ursache. Das war wirklich ein Versehen neulich. Ich hoffe, er ist so gut wie der andere?"

„Na ja, er ist nicht übel für einen *Géromé*."

„???"

„Wer war das?“ Gaetano war ausnahmsweise einmal pünktlich.

„Das war Thierry, Monsieur Jacques’ neuer Untermieter. Stell dir vor, *j’ai mis tout en œuvre*, ich habe alles in Bewegung gesetzt, um ihm einen erstklassigen *Munster*-Käse zum Geschenk zu machen, und er hat nichts weiter dazu zu sagen als: ‚Nicht übel für einen *Géromé*.‘ Verstehst du das?“

„Kommt darauf an. Vom Standpunkt der Herstellungsart aus gesehen gibt es eigentlich keinen Unterschied. Nur dass der Käse im Elsass eben *Munster* heißt und in Lothringen *Géromé. Mais c’est bonnet blanc et blanc bonnet* – das ist gehupft wie gesprungen. Aber warum schenkst du deinem Mitbewohner Käse?“

„Ach, lassen wir das Thema. Es war jedenfalls das letzte Mal.“ Dann tauchten wir ab ins Gewimmel der Metro, und ich vergaß Thierry. Überhaupt ist die Metro von Paris einer der besten Orte, um zu vergessen. Nirgends sieht man mehr von den Menschen der Stadt als hier. Sie fahren zur Arbeit, zum Einkaufen, ins Kino, zum Arzt; sie reden, lesen oder starren schweigend vor sich hin. Menschen, deren Wege sich zufällig für ein, zwei oder drei Stationen kreuzen. Der ganz normale Alltag eben, der sich hier seit über hundert Jahren irgendwo zwischen Saint-Denis und Châtillon Montrouge, zwischen La Défense und Château de Vincennes bewegt. Und manchmal legt, wenn sich die Türen öffnen, ein paar Takte lang die Violine eines Straßenmusikers einen zart klagenden Klang über alles, so als wolle sie im Angesicht bunter Polyesterjacken und prall gefüllter Tati-Tüten auf die Poesie des Augenblicks hinweisen.

Metrofahren war für mich immer eine Entdeckung, ist es noch, und ich kann gut verstehen, dass Zazie beim Anblick der versperrten schmiedeeisernen Tore in Tränen ausbricht. Es ist Streik. Und deshalb wird sie Raymond Queneaus ganzes wundervolles Buch über keinen Fuß in den verführerischen Abgrund setzen.[27] Dennoch geht die Geschichte so aus, wie im Grunde alle Parisgeschichten ausgehen müssten:

„Hast du die Metro gesehen?", fragt ihre Mutter, als sie die Tochter von ihrem Besuch in der Stadt wieder abholt.

„Nein."

„Was hast du denn getan?"

„Ich bin älter geworden."

Trotzdem muss ich noch etwas hinzufügen. Erstens, weil diese Geschichte hier noch nicht zu Ende ist. Zweitens, weil ich etwas vergessen habe, oder vielmehr jemanden.

„Weißt du, wie lange du dich nicht gemeldet hast?" Georg. *Mon cul!* Ich rechnete verzweifelt dem Datum unseres letzten Gesprächs hinterher.

„Du brauchst gar nicht zu zählen. Es ist zu lange her."

Ja, es war zu lange her. Ich war zu sehr mit mir selbst beschäftigt gewesen. Mit meinem kleinen Alltag, mit Metrofahren und Unterwäsche, mit dem Wetter und den neuen Kinofilmen, dem Geld, das nie reichte, und den neuen Schuhen, die ich so gerne gehabt hätte. Lauter banale Dinge, über denen ich begann, mein altes Zuhause zu vergessen. Ich hatte nicht mehr an ihn gedacht und fühlte mich plötzlich wie eine Verräterin. Das doppelt schlechte Gewissen war da.

Verzeih, dachte ich. Andererseits … „Warum kommst du auch nie her?! Jetzt bin ich schon so lange hier, und du weißt immer noch nicht, wie ich lebe. Woher soll ich denn wissen, dass es dich überhaupt interessiert?"

Und so kam es, dass Georg versprach, bald zu kommen.

---

[27] Raymond Queneau: Zazie in der Metro.

November – Königinnen

7. Kapitel, das sich ausschließlich um Frauen dreht. Nicht um irgendwelche natürlich. Sondern um die großartigsten Geschöpfe Frankreichs, die Pariserinnen.

Erkenntnisse: Lieber eine Blasenentzündung riskieren als ordentliches Schuhwerk tragen.
Aufgabe des Monats: Devenir une vraie Parisienne.

Es HALF NICHTS. Es musste angegangen werden. Ohne es würde ich immer eine Fremde bleiben, und kein Jules sich je nach mir umdrehen. Wovon ich spreche? Vom Pariserinwerden. Denn: Sie ist legendär. Sie ist bewundernswert. Sie ist das Beste, was Paris je zu Stande gebracht hat. *La Parisienne.* Wie Christian Lacroix weise bemerkte: „*Une compilation de chlichés qui finissent par devenir réalité.*" Eine Mixtur von Klischees, die schließlich Realität geworden sind. Neben ihr fühlt man sich zwangsläufig wie eine nette Milchkuh an der Seite eines arabischen Rennpferds. Grobknochig, paarhufig, steifbeinig und stumpffellig. Falsch angezogen sowieso. Sie können sich vorstellen, wie das ist.

Es gibt dann, wie immer im Leben, zwei Möglichkeiten. Entweder man kombiniert willfährig Himmelblau und Löwensenfgelb und verkündet, es komme allein auf die inneren Werte an. Dann muss man allerdings auch damit leben, von nun an nicht mehr wahrgenommen zu werden. Denn nun ist man *une Anglaise*, eine „Engländerin", und das ist in den Augen von *la Parisienne* eine ganz arme Existenz.

Die andere Möglichkeit: selbst eine Pariserin werden. Zweifellos eine verlockende Aussicht. Leichtbeinig wird man übers Trottoir schweben. Die Männerwelt wird einem zu Füßen liegen und Blumenbouquets hinaufreichen wollen. Engländerinnen werden vor Neid ganz und gar ergilben. Kurz, es wird der Himmel auf Erden sein.

Aber:

Es ist nicht so einfach. Sie, die Pariserinnen, haben schließlich einen Vorsprung von Generationen. Ihre Urahninnen haben Madame Pompadour im Boudoir assistiert, ihre Großmütter sind von Manet gemalt und von Charles Baudelaire besungen worden, ihre Mütter haben Jackie Kennedy belächelt. Jahrhundertelanges Training hat sie geschliffen, was zum Beispiel im November, wenn der Rest der Welt bereits Kniestrümpfe anzieht und sich Schals umwickelt, dazu führt, dass die Pariserin noch immer zarte Fessel mit einem Hauch von Lederriemchen zeigt. Und das ohne auch nur den Hauch einer Gänsehaut, versteht sich. Ich habe das natürlich auch versucht, aber, ganz ehrlich, diese Blasenentzündung wünsche ich wirklich niemandem.

Einfach in eine Boutique in Saint-Germain gehen und dort exzessiv französisch einkaufen funktioniert mithin garantiert nicht. So hat es schon Königin Marie-Antoinette versucht, *la pauvre*. Als Vierzehnjährige von ihrer Mutter, der österreichischen Kaiserin Maria Theresia, als Friedenspfand an Louis XVI. und das Haus Bourbon verheiratet, stand auch sie vor der großen Aufgabe. Sie hat gekauft und gekauft und gekauft – Staatsroben, Galaroben, Nachmittagsroben, Fächer, Fichus, Seidenbänder und Schuhe, Schuhe, Schuhe. Hat ihre Schneiderin Rose Bertin zur Ministerin für Mode ernannt und der französischen Seidenindustrie eine bisher nie gekannte Hausse beschert und dem Staat unerahnte Schuldenberge. Und mit welchem Ergebnis? Ihr ganzes Königinnenleben lang, bis zur Guillotine, hat man sie *„l'Autrichienne"* genannt – die Österreicherin.

Das Einzige, was man auf diesem Wege also sicher zuwege bringt, ist der finanzielle Ruin. Da dieser aber sowieso ansteht, kann man es gleich geschickter angehen. Wer will schließlich, pardon, Österreicherin werden? Eben.

Gleichfalls erfolglos, ja geradezu kontraproduktiv ist es, die Vorschläge französischer Modemagazine zu beherzigen. Selbstverständlich liest auch die Pariserin ELLE und die drei „V" (Vogue, Variety, Voici), doch nie und nimmer würde sie einen dieser Looks *imitieren* (dieses Wort können Sie mit der Ihnen größtmöglichen Verachtung lesen). Die *panoplie de la fashion victim*[28] ist also unbedingt zu vermeiden. Modemagazine dienen der fortgeschrittenen Pariserin allerhöchstens zur Inspiration, und wirklichen Erfolg hat sowieso erst diejenige, der es gelingt, selbst eine modische *tendance* zu lancieren. Als Anfängerin sollte man dergleichen allerdings gar nicht erst versuchen. Hochmut kommt bekanntlich vor dem Fall.

Was also tun, um in die Seele der *Parisienne* zu schlüpfen?

Es gibt ein paar Regeln. Dazu gleich mehr. Vorweg ist zu sagen, dass diese Regeln dazu da sind, gebrochen zu werden. Aber: Einfach brechen ist natürlich keine Kunst und der Pariserin darum viel zu *ordinaire*. Es kommt vielmehr darauf an, wie man diese Regeln bricht und bis zu welchem Grad. Alles ist eine Frage der Tendenz, der Nuance, der Andeutung.

Also: Natürlich schminkt man sich nicht wie ein wandelnder Chicogo-Spot. Wer jedoch die Fünfundzwanzig über-

---

[28] Panoplie bedeutet (Ritter-)Rüstung oder auch Waffensammlung.

schritten hat und sich noch immer auf seine großen Augen und die üppige – bald von ersten grauen Haaren durchzogene – Lockenpracht verlässt und weiterhin ausgeleierte Pullover und löchrige Jeans trägt, ist nicht etwa „natürlich", sondern schlicht eine *sauvageonne attardée,* was mit „verspätete Wilde" in seiner ganzen Bedeutungsfülle nur unzureichend übersetzt ist. Jedenfalls wird niemand sie mehr anschauen. Und das ist definitiv das Schlimmste, was einer echten Pariserin passieren kann, dass niemand guckt. Für den Blick wird sie alles tun, natürlich ohne dass man den Aufwand bemerkt. Sie muss dazu nicht hübsch sein. Es genügt die Fähigkeit, den unbedeutendsten Akten des gewöhnlichen Lebens einen Hauch von Chic und *expression* zu verleihen – *et voilà: on la regarde,* man schaut sie an.

Was die Kleidung betrifft: Die Pariserin, nennen wir sie Cécile oder Delphine, macht keinen Unterschied zwischen *Soirée* und Alltag. Erstere ist höchstens eine Steigerung des Letzteren, aber beides wird mit derselben Sorgfalt angegangen. Nie würde sie Joggingschuhe tragen wie die armen Amerikanerinnen. Turnschuhe trägt sie sehr wohl, auch zum schwarzen Burberry. Aber nur, wenn es Mode ist, und meist handelt es sich dann um Modelle, mit denen man sich, wollte man ernsthaft Sport betreiben, bereits nach wenigen Runden im Park die Knie ruiniert hätte. Überhaupt tut eine *Parisienne* sehr viel, wenn es die Mode will. Sie trägt bei bitterer Kälte hauchzarte halterlose Strümpfe, riskiert sehenden Auges einen verstauchten Knöchel, wenn die Saison nach unmäßig hohen Schuhen verlangt, nur um in der nächsten dann auf allerflachsten Ballerinas daherzuschweben, als sei nichts gewesen. Der Unterschied zum *fashion victim*? Nie wird sie aussehen wie auf einem Modefoto, sondern immer wie sie selbst. Das macht den feinen Unterschied, dieses nicht zu fassende Etwas, durch das sie selbst in einem Kleid, das zwei

Nummern zu klein ist, noch fantastisch aussieht. So etwas kann einen echt fertigmachen, wenn man nicht dazugehört.

Was alle Céciles und Delphines immer tragen: Make-up (auch wenn es nicht so aussieht, das ist dann nur der Stil *maquillage naturel*) und die perfekte Frisur (John Nollet, Erfinder des legendären *coupe „Amélie Poulain"*, ruiniert Sie mit Plaisir). Außerdem unentbehrlich: das Täschchen. Das Täschchen ist überhaupt das Pariserischste an der *Parisienne*. Es ist immer sehr hübsch und korrespondiert auch ganz wunderbar mit den in Kapitel 3 bereits erwähnten Pudeln. In seiner Haupteigenschaft ist es allerdings schrecklich unpraktisch. Entweder hat es – saisonbedingt – die Ausmaße eines mittleren Reiserucksacks angenommen oder ihm fehlt der Schulterriemen, so dass man es die ganze Zeit über in der Hand halten muss, oder es passt gar nichts hinein. *Portable*[29], Lippenstift, Kreditkarte – *fini*, mehr geht nicht. Mehr braucht man aber auch nicht. Nie nämlich würde sich eine Pariserin mit Einkäufen belasten; nie sieht man sie etwa schwere Tüten schleppen. Wofür gibt es schließlich die Erfindung der *livraison à domicile*? (Man kann sich in Paris fast alles nach Hause liefern lassen – Pizza, Blumen, Weihnachtsbäume, Schokolade und eben die Supermarkteinkäufe.) Allein großformatige, mit viel Seidenpapier ausgepolsterte Tüten von Boutiquen wie *Colette*[30], *Zadig et Voltaire* oder auch *Le Bon Marché* sind erlaubt.

---

[29] So nennt man in Frankreich das Handy, manchmal auch den Laptop. Aber der ist hier nicht gemeint.

[30] Colette in der Rue Saint-Honoré war der erste *concept store*, der in Paris eröffnete, und ist heute eine Institution. Falls Sie dorthin gehen sollten, gibt es zwei Möglichkeiten: entweder nicht auf die Preisschildchen gucken oder gleich die Kreditkarte zu Hause lassen. Für einen *petit noir* im Café im Untergeschoss sollte es aber auf jeden Fall reichen.

Was Sie an einer echten Pariserin niemals entdecken werden: Hotpants, Bauchfreies, löchrige Jeans, Minirock in Kombination mit zu hohen Absätzen. Ab sechzehn sind diese Dinge tabu. Auf der anderen Seite der Skala der Dinge, die auf keinen Fall erlaubt sind, rangieren Perlenketten, formlose Janker und Langeweile.

Ebenso untragbar sind Speckverstecker aller Art, also kubische Zeltbahnen oder Maxipullover, die physische Unzulänglichkeiten der Silhouette, wie etwa einen Birnenpo, kaschieren sollen. Die Pariserin hat klug erkannt, dass Versuche dieser Art immer das Gegenteil bewirken. Falls (falls!) sie einen kleinen *défaut* haben sollte, lenkt sie die Aufmerksamkeit des Betrachters lieber woandershin.

Weiterhin ein Fall für die Altkleidersammlung sind sämtliche Kleidungsstücke, die: ausgeleiert, verwaschen oder zu groß sind, einen Fleck haben oder deutlich vorvorige Saison sind.

Darüber hinaus gibt es ein paar Verhaltensweisen, *tout à fait parisiennes*:

**Französisch für Anfängerinnen II –
Kleine Anleitung zum Pariserin-Sein**

– Zur Begrüßung gibt die Pariserin zwei Küsschen, nicht mehr und nicht weniger.

– Man darf niemals: Zeit haben. Es muss ungeheuer schwierig sein, Sie zu erreichen, von einem Rendezvous ganz zu schweigen. Sagen Sie immer „Oh, ich muss los!" und wie sehr Sie es hassen, dauernd zu spät zu kommen.

– Kommen Sie trotzdem immer zu spät. Sie können auch erst gegen Ende des Abends erscheinen, natürlich waren Sie dann vorher woanders eingeladen. Auch der umgekehrte Weg ist möglich: Gehen Sie zu früh mit dem Hinweis, noch anderweitig erwartet zu werden. Die Botschaft bei all dem ist klar: Sie sind ungeheuer begehrt.

– Dazu gehört auch das *téléphone portable*, aber nur, wenn es oft klingelt.

– Falls Sie rangehen, sagen Sie nicht *„Bonjour, comment ça va?"*, sondern *„Salut, t'es où?"*

– Für das Ende einer Unterhaltung gibt es zwei Möglichkeiten. Am Telefon sagen Sie: *„Bon, allez, je t'embrasse"*, selbst wenn es sich um jemanden handelt, den man nicht einmal annähernd umarmen würde. Die zweite Möglichkeit lautet: *„On s'appelle."* Heißt wörtlich: Wir telefonieren. Bedeutet in Wahrheit: Du kannst mich anrufen, wenn du es nötig hast. Ich werde es jedenfalls nicht tun.

– Seien Sie auf keinen Fall von irgendetwas hingerissen. Ein Film, Sänger oder Schauspieler ist maximal „nicht schlecht“; ein Mann sieht „ganz gut“ aus, die neuste Bar wiederum ist *„pas mal“*.

– Männern im Allgemeinen schenken Sie nicht allzu viel Aufmerksamkeit. (Was ein Problem darstellt, denn der Pariser Mann möchte das Gefühl haben, jeder seiner Sätze sei eine Offenbarung. Vielleicht endet deshalb jede zweite Pariser Ehe in Scheidung.)

– Was Ihre Ausdrucksweise angeht: Sie dürfen an ausgesuchten Stellen willentlich vulgär sein – solange die Grammatik lupenrein bleibt. Falls Sie Slang sprechen, dann nur, wenn Sie sicher sind, auf dem neusten Stand zu sein.

– Pflegen Sie Ihren Snobismus. Sagen Sie „Neulich in New York hatte ich den Eindruck, die Mädchen seien besser angezogen als gewöhnlich“ anstatt „Ich finde New York großartig“. Und falls es Ihnen gelungen ist, Samstagabend einen Tisch im angesagtesten aller Restaurants zu ergattern, tun Sie dies mit einem „Mein Gott, was war das laut im …“ kund.

– Fürs Tägliche gilt: Freunden Sie sich mit den Verkäuferinnen und den Markthändlern an. Sie wollen schließlich nicht Schlange stehen, *n’est ce pas*?

Für Sie klingt das alles arg gekünstelt? Das ist richtig, aber von Natürlichkeit hält eine Pariserin gar nichts. Das ist etwas für die Provinz und für Touristinnen, und wer einmal eine kleine Pariserin mit ihrer Mutter beim Coiffeur beobachtet hat, ahnt, dass es sich hier um traditionelle Riten handelt. Schon im Kindergartenalter werden zukünftige *Parisiennes* bezupft und geschmückt und in rosa Röckchen gesteckt. Jede eine kleine Prinzessin. Aus den Prinzessinnen werden dann Königinnen. Sehr viele. Lassen Sie sich von scheinbarer Unbekümmertheit nicht täuschen. Seit den großen Tagen von Versailles ist die Pariserin Meisterin unzähliger Tricks wider den natürlichen Wuchs. Revolution hin oder her. Nicht von ungefähr wurde das 18. Jahrhundert das Jahrhundert der Frauen genannt, und es war zugleich das Jahrhundert Frankreichs. Damals wurde die Pariserin geboren und seitdem ist sie festen Schrittes (und auf wechselnd hohen Absätzen) bis zur Fünften Republik marschiert. Überhaupt, ihr Gang. Daran erkennt man sie schon von weitem. Weit ausgreifend, als seien die Boulevards für sie allein angelegt worden, schnell, aber nie hastig, und immer noch langsam genug, damit ihr nicht etwa eine wichtige Schaufensterauslage entgeht. Nebenbei kann sie durchaus noch über einen Satz von Wittgenstein oder das nächste Kundenmeeting nachdenken, das ist für eine Pariserin kein Hindernis. Im Gegenteil, es ginge geradezu gegen ihre Ehre, wenn sie im Leben nichts anderes täte als an Shopping zu denken. Sie ist kein Modepüppchen, aber sie genießt sich selbst und das Glück, als Frau in der schönsten Stadt der Welt geboren zu sein, in vollen Zügen. Der Rest ist eine Frage des Ausdrucks. Stendhal, der scharfe Beobachter, schrieb 1828 über die Pariserinnen: „Welche Welt an Bedeutungen sie in ein Lächeln legen können oder einen Augenaufschlag!" Und daran hat sich bis heute nichts geändert. Pariserinnen sind unnachahmlich und großartig. Sie wollen Beispiele?

Ségolène Royal (Präsidentschaftskandidatin der Parti Socialiste für die Wahl 2007), weil sie sich als Familienministerin schon im Wochenbett wieder an die Arbeit machte.

Colette, mit vollem Namen Sidonie-Gabrielle Colette (Schriftstellerin und erstes weibliches Mitglied der Akademie Goncourt), weil sie mit 62 einen sechzehn Jahre jüngeren Mann heiratete.

Die junge Frau, die im Juli 2005 mit rot lackierten Zehen in einem Café an der Rue de Belleville frühstückt (zwei *petits noirs* und fünf Zigaretten) und dazu die Einleitung der französischen Ausgabe von Kants „Kritik der Urteilskraft" liest, weil sie es trotzdem noch fertigbringt, fünfmal angesprochen zu werden.

Jeanne-Antoinette Poisson, besser bekannt als Madame de Pompadour (Königin der Mode, Maitresse Ludwigs XV. und kluge Politikerin ohne Titel), weil ihr Stil so überzeugend war, dass Donatella Versace unlängst eine ganze Kollektion nach ihrem Vorbild entwarf.

Martine Monteil (Tochter, Enkeltochter und Ehefrau eines Polizisten), weil sie als erste Frau überhaupt im Herbst 2004 zur Chefin der französischen Kriminalpolizei ernannt wurde.

Alix (Galeristin und Mitbewohnerin), weil sie trotz behördlichen Verbots weiterhin im Tanga am Seine-Strand entlangspaziert und für den Ernstfall 30 Euro darin bereithält. Ihr Motto: *„Sous les pavès, la plage!"* Leider ist bis heute kein Flic aufgetaucht, um sie auf die drohende Unfallgefahr hinzuweisen.[31]

Simone de Beauvoir (Schriftstellerin), weil sie als gebürtige Pariserin alles über Bord warf, was eine Frau bis dahin darstellen sollte. Motto: Man wird nicht als Pariserin geboren, man wird dazu gemacht.

Madame Juliette Récamier (Salondame und schönste Frau ihrer Zeit), weil sie die einzige Frau war, die sich von Napoleon nicht beeindrucken ließ und im Gegenteil sogar seine Gegner förderte.

Kitty (pensionierte Ballerina und Nachbarin), weil sie auch mit 90 noch keine zehn Pferde dazu bringen werden, das Haus ohne Dior No. 28 auf den Lippen zu verlassen.

Justine Lévy (Schriftstellerin und Tochter von Bernard Henri Lévy), weil sie ihre Rache an Carla Bruni, die ihr den Mann weggeschnappte, als Buch veröffentlichte und anschließend mit dem unschuldigsten Lächeln behauptete, es sei „nur“ ein Roman.

Und dies ist nur eine willkürliche Auswahl. Sie haben also Recht, wenn Sie es für etwas gewagt halten, einfach so eine Pariserin werden zu wollen. Und natürlich stellte ich es einigermaßen dumm an, solange ich glaubte, es ginge dabei um Äußerlichkeiten. Dann begriff ich, dass es eine Frage der Haltung war. Ich stand gerade in einer miserabel ausgeleuch-

---

[31] Die Stadt sei „aus Sicherheitsgründen“ zu einer Regelung gezwungen, so der stellvertretende Bürgermeister Pascal Cherki in „Le Parisien“. Das freizügige Outfit am Seine-Strand hätte „zu Versuchungen und gefährlichem Verhalten führen können, besonders, weil wir uns am Ufer eines Flusses befinden“, sagte er der Zeitung, ohne die Äußerung weiter zu erläutern.

teten Kabine und hatte mich in genau das gleiche Kleid hineingezwängt, das ich kurz zuvor an einer Pariserin bewundert hatte. Der Unterschied hätte nicht größer sein können. Ich sah aus wie ein krankes Zebra. Nie wieder, schwor ich, würde ich etwas Geringeltes tragen.

Doch die Zeit drängte. Ich hätte es nicht zugegeben, aber wenn Georg käme, dann wollte ich ihm bereits als waschechte *Parisienne* gegenübertreten. Es gab da etwas zu beweisen. Und er, da er noch mein altes Ich kannte, war der Einzige, der mir diesen Beweis meiner Wandlung erbringen konnte. Aber es haben schon ganz andere Frauen versucht, ihre mittlere Identitätskrise mit Kleiderkäufen und Friseurbesuchen zu überdecken. Und während ich so schlecht beleuchtet vor dem Spiegel stand und die Staubmäuse auf dem Fußboden betrachtete, überkam mich plötzlich eine große Sehnsucht nach mir selbst.

Dezember – Pizza Frutti di Mare

8. Kapitel, in dem Saint-Denis besucht wird und der Prinz von Bourbon ein Geheimnis für sich behält. Madame Abteilungsleiterin durchkreuzt meine Pläne, und Jean-Luc hat eine besondere Überraschung.

Aufgabe des Monats: Weihnachten.
Erkenntnisse: Zusammen ist man weniger allein.

MITTEN IN DIESES GEFÜHL HINEIN platzt Georg.

„Wie siehst du denn aus?!" Es klingt nicht so wahnsinnig begeistert.

„Ich trage dir zu Ehren meine neue weiße Wintermütze, meinen neuen weißen Schal und ein Paar Lammfellstiefel, die, wie du dir denken kannst, ebenfalls neu sind. Was gibt es daran auszusetzen?"

„Na ja, von weitem könnte man dich für einen schneebedeckten Pilz halten. Aber wenn man das hier so trägt ..."

Ich versuche, das Ganze nur als einen weiteren Beweis dafür zu sehen, dass der deutsche Mann und das galante Kompliment eben zwei schwer vereinbare Dinge sind. Ein Franzose, da bin ich sicher, hätte Schöneres gesagt. Zum Beispiel wie gut mir Weiß steht, oder dass ich ein absolutes Mützengesicht habe. Aber Georg ist ja gerade erst angekommen, deshalb verzeihe ich ihm. Außerdem bin ich viel zu stolz auf meine neue Stadt. Im Dezember wird es auf den Straßen von Paris nie dunkel. Die großen Boulevards sind ein einziges Lichtermeer. Wir spazieren darin umher, und ich zeige Georg alles, was ich selbst in den vergangenen Monaten entdeckt habe.

Am Ronde Point steht ein kleiner, sorgfältig mit Kunstschnee besprühter Wald aus Tannenbäumen. Dort fotografieren wir Japaner dabei, wie sie sich gegenseitig mit ihren riesigen Einkaufstüten fotografieren. An einer Marktstraße kaufen wir rote Äpfel mit Sternschnuppen drauf und verfüttern sie an die Ponys in der Ménagerie des Jardin des Plantes. Schließlich sagt Georg: „Wo warst du noch nie? Ich finde, wir sollten an einen Ort fahren, den du auch noch nicht kennst."

„Saint-Denis", sage ich nach einer Weile. „Ich war noch nie in Saint-Denis."

Mittlerweile ist Saint-Denis als finstere Banlieue in Verruf gekommen. Bei den großen Unruhen im Jahr 2005 gerieten auch hier Jugendliche mit der Polizei aneinander. In einer Nacht brannten über tausend Autos. Inzwischen ist wieder Ruhe eingekehrt und Schülerinnen und Schüler mit „Migrationshintergrund" werden gerne an bürgerlichen Schulen aufgenommen. Nur ein oder zwei natürlich. Man möchte seinen Kindern ein wenig „französische Realität" zeigen, aber bitte nicht zu viel davon.

Ich selbst wusste damals auch nicht viel über *la petite couronne,* die drei Départements der Banlieue mit der größten Einwohnerdichte Europas, zu denen auch Saint-Denis gehört. Sie spielen – vorausgesetzt, es brennt nichts – für den innerstädtischen Alltag von Paris genauso wenig eine Rolle wie Hellersdorf für Berlin, Wilhelmsburg für Hamburg oder Neuperlach für München. Abgesehen davon würde der Tourismusdirektor von Saint-Denis, wenn er hier zu Wort käme, ganz andere Dinge an seinem Ort betonen. Schließlich sind die Franzosen Meister im diplomatischen Umgehen von Problemen. Vom *Stade de France* würde er schwärmen, Frankreichs größtem Sportstadion, in dem 1998 das Finale der Fußballweltmeisterschaft ausgetragen wurde, vom jährlichen Tulpenfest und natürlich von der Kathedrale.

Aber Tulpen wachsen im Dezember nicht und das *Stade de France* ist, als wir ankommen, geschlossen. Also kaufen wir uns eine Mecca-Cola[32] und machen uns auf zum größten Heiligtum der französischen Royalisten, der Kathedrale von Saint-Denis.

Eingefleischte Gotiker würden jetzt natürlich einwenden, dass die Königsgräber bloß eine Frage der Innenausstattung seien, die Basilika doch aber vor allem eine Inkunabel der Architekturgeschichte. Der erste Kirchenbau, der alle drei Elemente der Gotik – Spitzbogen, Strebepfeiler und Kreuzrippen – in sich vereint! Alles richtig, nur möchte ich Georg unbedingt die Geschichte vom Herzen des kleinen Bourbonenprinzen erzählen (zugegeben, ich habe sie aus dem Fundus von Jean-Luc). Eine echte Rokokostory mit Verschwörern, Doppelgängern und dunklen Geheimnissen, und wie immer kann man nur eine Geschichte erzählen und muss hundert andere mögliche beiseitelassen.[33]

---

[32] Mecca-Cola ist die Erfindung eines tunesisch-stämmigen Kaufmanns aus Saint-Denis, die damals das muslimische Paris eroberte. Sozusagen das antiamerikanische Pendant zur Coca-Cola. „Ne buvez plus idiot, buvez engagé“ steht auf dem kirschroten Etikett. Eine Zeit lang waren alle neugierig – klar, in einem Land, in dem ein Besuch bei McDonald's bereits als Betreten der Vorhölle gilt –, bis sich dann der Erfinder der Mecca-Cola als antiisraelisch outete.

[33] So bleibt der Sarkophag Pippins des Kurzen, des Vaters von Karl dem Großen, von uns ebenso unbeachtet wie auch Katharina de Medici, die sich gleich zwei Grabmale anfertigen ließ. Das erste von ihrem Landsmann Primaticcio gefiel der Dame nicht, es war ihr zu wahrheitsgetreu. Also beauftragte sie Germain Pilon, ein neues anzufertigen. Und da Monsieur Pilon Franzose war, gelang ihm das geforderte Kompliment natürlich perfekt.

Es ist kalt auf den hölzernen Bänken und die harte Wintersonne dringt nur zart durch die bunten Glasfenster, von denen einige fast 900 Jahre alt sind. Irgendwo hinter uns knien die marmornen Statuen von Louis XVI. und Königin Marie Antoinette, den Eltern des kleinen Bourbonenprinzen, der einmal Louis XVII. hätte werden sollen. Doch dazwischen kam die Revolution. Das Königspaar wurde auf der Place de la Concorde, die damals Place de la Révolution hieß, geköpft und auf einem Massenfriedhof verscharrt. Ihre beiden Kinder Marie Thérèse und Louis Charles aber hielt man weiterhin im *Prison du Temple* gefangen. Der kleine Prinz war zehn Jahre alt, als er 1795 plötzlich an Tuberkulose starb. Kurz vor seinem Tod bat er einen seiner Wächter ans Bett und flüsterte „Ich muss Ihnen sagen, dass ...". Aber er war schon zu schwach. Zurück blieb ein Geheimnis. Es gab eine Obduktion, bei der der königstreue Arzt das Herz des Thronfolgers entfernte und konservierte. Aber war es überhaupt der Prinz, der da auf dem Friedhof Sainte-Marguerite begraben wurde? Seine Gebeine hat man später jedenfalls nie wieder finden können. Es gab einige, die behaupteten, es handele sich um ein ganz anderes Kind, einen Doppelgänger, während der echte Dauphin von Frankreich verschleppt worden sei. Als Anstifter kam nur einer in Frage, der feiste Graf de Provence, Louis' Onkel, der sich auf diese Weise selbst zum Thronerben machen wollte. Jahrelang hatte dieser jüngere Bruder Louis' XVI. heimlich auf seine Chance gewartet. Jetzt musste er nur noch abwarten, bis die Zeiten für die Bourbonen wieder günstiger wurden. Leider kam ihm ein kleiner Korse dazwischen. Erst zwanzig Jahre später, als die Franzosen endgültig genug hatten von ihrem Napoléon, konnte der Graf de Provence endlich unter dem Namen Louis XVIII. den Thron besteigen. Aber die Gerüchte waren die ganze Zeit über nicht verstummt. Immer wieder tauchten junge Männer auf, die behaupteten, Louis XVII. zu sein. Nur beweisen konnte es keiner.

„Und das Herz des kleinen Prinzen?"

Fast zweihundert Jahre lang wechselte es immer wieder den Ort und den Besitzer, bis man es 1975 hierher brachte, nach Saint-Denis. Viele bezweifelten jedoch, dass es sich tatsächlich um das echte Herz handelte. Außerdem gibt es noch heute Nachfahren eines angeblichen Louis VXII., die sich „de Bourbon" nennen und behaupten, das Ganze sei ein Schwindel. Vor ein paar Jahren haben dann der Duc de Bauffremont-Courtenay, Vorsitzender der Denkmalstiftung zu Saint-Denis, und der Historiker Philippe Delorme eine DNA-Analyse angeregt. Man hat Zellen von zwei lebenden Verwandten der österreichischen Kaiserin Maria-Theresia, der Mutter Marie Antoinettes, mit denen des angeblichen Herzens von Louis-Charles verglichen, und nun ist das Rätsel gelöst: Er war es tatsächlich. Die falschen de Bourbons behaupten jetzt, das sei wieder eine *conspiration*, um sie zum Schweigen zu bringen.

„Gibt es eigentlich noch echte Bourbonen?", fragt Georg in die Stille hinein.

„Ich weiß nicht. Wir könnten Jean-Luc fragen."

„Na komm, Prinzessin, dann fahren wir mal nach Hause. Ich habe Hunger."

Das ist ein Problem. Meine WG möchte nämlich, dass Georg und ich zu Ehren seines Besuchs „deutsch" kochen. Ich habe ihm davon natürlich nichts erzählt. Er hätte die Idee womöglich gut gefunden, und wenn ich eines nicht will, dann ein weiteres Mal als Geschmackstrottel dastehen. *Le Munster* habe ich noch nicht verdaut. Und welches deutsche Urgericht sollte man auch kochen? Rotkohl und Knödel? Backfisch mit Bratkartoffeln? Schweinebraten mit Kruste? Es gilt immerhin zu bedenken, dass gerade Austernzeit ist. Und hat

Jean-Luc mir nicht neulich erst gestanden, wie sehr er immer die deutschen Schulkinder bedauert habe, von denen seine Eltern ihm berichteten, diese armen Geschöpfe müssten schon zum Frühstück „Wurst" essen. Damit ist er nicht der Einzige, der solchen Vorstellungen anhängt. Von einem französischen Weinbauern existiert die Aussage, das Schlimmste an den Zwangslieferungen während der Besatzungszeit sei die Vorstellung gewesen, die Deutschen würden seinen kostbaren Margaux zu Sauerkraut und Würstchen trinken.

Also kein *chou vert*[34] in der Rue du Rocher. Wir werden einen echten Saint-Deniser Couscous mitbringen, das erscheint mir exotisch genug.

Im Hinausgehen versuche ich noch schnell Georgs Aufmerksamkeit auf Louis XVI. und Marie Antoinette zu lenken, deren Gebeine man erst lange nach der Revolution zu suchen begann, um sie hier in Saint-Denis zu bestatten. Die Königin zum Beispiel hat der Totengräber an ihrem Strumpfband wiedererkannt. Doch Georg ist dafür nicht mehr zu begeistern. So erzähle ich ihm, als wir die Metrolinie 13 an der Madeleine verlassen, auch nichts davon, dass die gleichnamige Kirche genau dort steht, wo sich nach 1789 jener Massenfriedhof befand, auf dem auch die guillotinierten Könige beerdigt wurden. Louis XVIII. hat dort später die Kirche bauen lassen, auf Bitten der Herzogin von Angoulême, der Tochter von Marie Antoinette und Louis XVI., die als Einzige der Familie das *Prison du Temple* überlebt hatte. Ihre Verwandtschaft am Wiener Hof hatte sie 1795 gegen 13 französische Kriegsgefangene freigekauft ...

„Wie bitte? Entschuldige, was hast du gesagt?"

„Nichts, war nicht so wichtig."

---

[34] Grünkohl

Wir stehen vor der Madeleine. Um uns rauscht der Verkehr, gegenüber bei Fauchon verkaufen sie schwarze Trüffel zu einem Preis, von dem sich eine vierköpfige Familie in Saint-Denis locker einen Monat lang ernährt, und ich habe das Gefühl, etwas Wichtiges verpasst zu haben. Es ist Georgs letzter Abend, und wir werden, bis die Stewardess am Charles de Gaulle seinen Flug aufruft, keine Minute mehr wirklich allein sein.

„Hat es dir gefallen?", frage ich ihn am nächsten Morgen. Ich weiß, dass er sich Mühe gegeben hat, meinetwegen. Trotzdem möchte ich jetzt natürlich hören, dass er nie gedacht hätte, dass Paris so schön ist, dass eine Baguette durchaus den Namen Brot verdient und die Franzosen viel weniger arrogant sind als vermutet. Aber ich bin auch nicht ganz ehrlich zu mir selbst. Im Grunde will ich eine Bestätigung dafür, dass ich alles richtig gemacht habe mit meiner Entscheidung. Aber den Gefallen tut Georg mir nicht, jedenfalls nicht sofort. „Lass mich mal ein bisschen darüber nachdenken", sagt er. Ich schaue ihm nach, wie er hinter der Sperre verschwindet, und zurück bleibt plötzlich eine große Angst. Etwas ist anders geworden zwischen uns. Da sind diese Lücken im Alltag, die wir früher durch Erzählen geschlossen haben, die jetzt aber zu groß geworden sind. Es liegt so viel dazwischen. Nicht nur, dass der Raum den Abstand schafft, es liegt ein neues Leben dazwischen, mein neues Leben. In diesem Moment wird mir zum ersten Mal klar, dass ich mich irgendwann entscheiden muss, und wenn ich mich für Frankreich entscheide, wird das auch mein altes Leben unweigerlich verändern. Dann werde ich einen Teil davon verlieren im Austausch gegen das, was ich hier in Paris gewinne. Im Moment möchte ich alles haben, das Alte und das Neue. Aber ich weiß auch, dass das auf Dauer nicht geht.

Bevor ich mich jedoch allzu tief mit solchen Gedanken befassen kann, kommt Weihnachten. Ich habe vor, nach Hause zu fahren. Wie jedes Jahr. Warum sollte sich daran etwas ändern, nur weil ich jetzt in Paris wohne?

„Aber Mademoiselle, wir können ganz unmöglich auf Sie verzichten. Sie wissen, dass wir am 24. bis neunzehn Uhr geöffnet haben. Da brauchen wir jede Hand. Und Sie sind doch gerne bei uns, nicht wahr?" *Compris?*

Aber sicher, ich hab's kapiert. Madame Abteilungsleiterin ist zufrieden. Warum sollte auch ausgerechnet die Jüngste der Abteilung, die weder Mann noch Kind vorweisen kann, zum Weihnachtsgeschäft frei bekommen. Dass das bedeutet, dass sie den Heiligen Abend mutterseelenallein in einer großen kalten Wohnung verbringen wird, ist Madame schnurzegal. Vermutlich denkt sie nicht einmal darüber nach. Was für sie zählt, ist der Jahresbonus.

Mich hingegen gruselt diese neue Aussicht kolossal. Ich habe Weihnachten noch nie allein verbracht. Doch wider Erwarten schlägt mir statt Mitleid eine Welle latenten Neides entgegen:

Alix: „Du weißt gar nicht, wie gut du es hast. Ich wäre verdammt froh, eine solche Ausrede für Weihnachten zu haben."

Gaetano: „Seit zwanzig Jahren träume ich von so einer Gelegenheit. Ein Mal nur Weihnachten ohne Mamma, Flavia, Claudia, Fiametta, Valeria, Donatella und die Halbdebilen.[35] Du Glückspilz!"

---

[35] Flavia, Claudia, Fiametta, Valeria und Donatella sind seine fünf Schwestern, die Halbdebilen deren jeweilige Ehemänner. Beschreibungen Gaetanos zufolge muss jedes dieser römischen Familientreffen eine Katastrophe sein.

Jean-Luc: „Hast du schon einmal drei Tage am Stück in einem ungeheizten Schloss zwischen lauter verfeindeten Stellungen verbracht, die zusammengenommen deine Familie darstellen?“

Nur Georg ist traurig. Schließlich gehörte es seit Jahren zum Weihnachtsabend dazu, dass wir uns zu später Stunde mit einer Flasche Haselnussgeist im Park trafen und in bitterer Kälte auf ein friedliches Jahr anstießen. „Vielleicht schaffe ich es Silvester“, versuche ich, uns beide zu trösten. Aber ich habe dabei einen dicken Kloß im Hals.

Die Sache wird nicht besser dadurch, dass die Pariser ausgemachte Weihnachtsmuffel sind. Kerzen, Adventskranz, Zimtsterne? Nicht doch. Alles geht seinen Gang bis zum Heiligen Abend, neunzehn Uhr. Also beschließe ich, Weihnachten in diesem Jahr zu ignorieren. Es wird nicht stattfinden. Ich werde an dem Abend wie immer nach der Arbeit mit heißen Knöcheln nach Hause kommen, werde ein Bad nehmen und mir dann mit Kater Paul vor dem Fernseher eine Pizza frutti di mare teilen. – Falls da nicht Thierry sitzt. Er macht nicht den Eindruck, als ob er ein Zuhause hätte. Davor graut mir ehrlich gesagt am allermeisten: Weihnachten allein mit Thierry und einem frischen Münsterkäse.

Dann ist er da, der 24. Dezember. Es ist grau und kalt und ein paar nasse Flocken, die am Boden sofort zu Schneematsch werden, fliegen durch die Luft, als ich mich auf den Weg zur Arbeit mache. Als ich in den Boulevard Haussmann einbiege, haben meine neuen Stiefel bereits hässliche Ränder. Meine Laune ist deutlich unter dem Gefrierpunkt. Aber mein Gesicht muss ja zur Dekoration passen, also setze ich ein Rauschgoldlächeln auf und schlüpfe in meine unversehrten Arbeitspantöffelchen. Ein großer Designer hat die Fassade unseres

Luxustempels in ein rot leuchtendes Kettenhemd gesteckt und Rot ist natürlich auch innen die Farbe des Monats. Alles ist voller Schleifen und Glitter und ein beeindruckender *Père Noël* (in Wahrheit Jean-Marie, der den Einkauf leitet) zieht mit seinem Sack durch die Etagen, um gestresste Kinder zu beruhigen. Für unseren Bereich hat „Agent Provocateur" die Deko gespendet. Meiner Meinung nach haben die rot-schwarzen Dominas nicht viel mit Weihnachten zu tun. Aber man weiß ja, dass am Fest der Liebe wenige Dinge so gut gehen wie Dessous. *Père Noël* lässt sich hier natürlich nicht blicken, dabei hätte ich gegen ein Stück Schokolade nichts einzuwenden gehabt.

In der Pause setze ich mich mit einem Tee in den Aufenthaltsraum und packe Alix' Geschenk aus. Es lag heute früh auf dem Küchentisch, und ich bin viel zu neugierig, um bis zum Abend zu warten. Außerdem ist heute Abend ja nichts. Um mich herum herrscht blendende Laune. Die Weihnachtsfeier vor zwei Tagen hat alle in Hochstimmung versetzt. Die Direktorin verkündete das umsatzstärkste Jahr ihrer Amtszeit und unter besonders viel Applaus eine einmalige Prämie für alle. Anschließend wurden die drei besten Abteilungsleiter ausgezeichnet. Aber da waren die meisten mit ihren Gedanken schon beim Buffet und der Frage, ob Jean-Marie (der *Père Noël*) und Jeanne aus der Buchhaltung in diesem Jahr endlich öffentlich zeigen würden, dass sie etwas miteinander hatten, oder nicht. Marie-Line hat es mir erklärt. Das Problem ist offenbar, dass Jean-Marie seine Scheidung nicht auf die Reihe bekommt. Aber was soll's. Solche Geschichten kennt man von überallher.

Alix schenkt mir ein Exemplar von Anna Gavaldas Roman „Zusammen ist man weniger allein". Dazu eine Karte: *Es kommt auch immer darauf an, mit wem man zusammen ist. Joyeux Noël! Alix.* Ein fettes Eselsohr verweist mich auf Seite

213. Dort ist der Satz unterstrichen: *„Il n'est pas de chagrin qu'un livre ne puisse consoler, ...".*[36]

Ich bin sehr gerührt.

Gegen fünf, als die Büros schließen, geht es noch mal richtig los. *Cadeaux dernière minute.* Jetzt kommen die, die so gar keinen Plan haben. Hauptsache teuer, Hauptsache schön verpackt, Hauptsache so, dass *sie* glaubt, er habe seit Wochen an nichts anderes gedacht. Früher habe ich mich immer gefragt, an wen sich diese inflationär betriebene Dessous-Werbung, die zu Weihnachten von jeder Bushaltestelle leuchtet, richtet. Es ist natürlich die männliche Fantasie. Wie viel die mit der Realität zu tun hat, sieht man spätestens am 26. Dezember. Dann kommen die beschenkten Damen reihenweise zum Umtausch. „Er müsste wissen, dass ich Strings hasse. Ich trage nie welche. Wer weiß, was er sich dabei wieder gedacht hat." Nichts, Madame, er hat nichts gedacht. Eigentlich wollte er das Model von der Bushaltestelle. Dass Sie nicht Größe 34 tragen, ist nicht Ihre Schuld. – Aber vorher tut man natürlich sein Bestes, die Enttäuschung unter der Tanne abzuwenden.

Um acht bin ich draußen, unterm Arm das Buch und ein kleines Präsent, das Madame Abteilungsleiterin nach Kassenschluss an alle verteilt hat. Dem Gewicht nach schätze ich, dass es sich um ein Strumpfband handelt. Das ist natürlich nett gemeint, aber, seien wir ehrlich, jemandem wie Alix wäre damit hundertmal mehr gedient. Ich spüre einen Anflug von Selbstmitleid und konzentriere mich stattdessen darauf, meinem Programm zu folgen. Die Pizza kaufe ich bei Lafayette, dazu eine sündhaft teure Flasche Rotwein. Der Schneeregen hat aufgehört, und zwischen all den Lichtern und Menschen erscheint mir der Abend fast schön.

---

[36] „Es gibt keinen Kummer, über den ein Buch nicht hinwegtrösten könnte, ...". (Dt. Ausgabe Carl Hanser Verlag, München. S. 204)

Aber schon als ich aus dem Lift steige, sehe ich, dass Licht in der Wohnung brennt. Jetzt dringt auch laute Musik durch die Tür. *Merde,* denke ich. Thierry. So leise wie möglich schließe ich die Tür auf.

Aus der Küche kommt mir ein strahlender Jean-Luc entgegen. Im Wohnzimmer singt jemand laut und falsch zu einer jazzigen Version von „Mon beau sapin“[37], und es riecht gut.

„Was ist denn hier los?“

„Seuchenalarm auf Château Valencourt“, sagt Jean-Luc. „Meine kleine Nichte hat die Masern und *Monsieur le médecin* die Anreise aller weiteren Familienmitglieder strikt untersagt. Deshalb habe ich mir erlaubt, meinen Bruder mitzubringen. Er schmückt gerade den Weihnachtsbaum.“

Ich bin baff. Mit der halbaufgetauten Pizza unter dem Arm folge ich Jean-Luc in den Salon. „Und wo ist Thierry?“

„*Je n'en sais rien.* Keine Ahnung, er ist hier nicht aufgetaucht. – Darf ich vorstellen: Mein Bruder Baptiste.“

„*Salut,* wir sind uns ja schon einmal begegnet –“

Ja, sind wir. Im Bademantel. Heute trägt er allerdings einen schwarzen Cordanzug. Vor mir steht der Metal-Bruder mit dem prächtigen Tattoo.

„Oh, aber, ich dachte …“ Ich kann ihm ja jetzt schlecht sagen, dass ich ihn für einen von Alix' Liebhabern gehalten habe. Wie kommt mein braver Mitbewohner auch zu einem Heavy-Metal-Bruder?!

Jean-Luc ahnt eine Peinlichkeit heraufziehen. „Ach? Ihr kennt euch?“

---

[37] „Mon beau sapin, roi des forêts – Que j'aime ta verdure …“ Es handelt sich um die französische Variante von „O Tannenbaum“, die Melodie ist dieselbe.

„Wir hatten eine kurze Begegnung beim Frühstück. Das war, nachdem ich den Vortrag am I. U. F. M. gehalten hatte."

„Ah, sehr richtig", sagt Jean-Luc. Und zu mir: „Eigentlich wohnt er zurzeit in Meudon."

Ich sage nichts und lächle. Der Pizzakarton hat mittlerweile feuchte Ränder.

„Ich schlage vor, ich kümmere mich wieder um das Essen und du hilfst Baptiste, den Baum zu schmücken. Wir mussten leider in allem etwas improvisieren."

Jean-Luc verschwindet also in der Küche, und wir widmen uns der struppigen Tanne. Natürlich war so kurzfristig kein Schmuck mehr aufzutreiben, aber Alufolie tut es auch. Wir formen Girlanden und kleine Bälle, die wir mit Zwirnsfaden an die Zweige binden. Monoprix steuert die elektrischen Kerzen bei, und als alles fertig ist, zaubert Baptiste eine große Sprühdose hervor: *„Et voilà – un flacon Magic Snow: la neige plus vraie que nature!"* Er hat deutlich mehr Humor als sein Bruder. Wir sprühen reichlich Kunstschnee auf unser Werk und küren es dann gemeinsam zu *„Le Plus Laid Sapin du Monde"*.

Jean-Luc kommt mit einer Flasche Champagner, um auf den Baum anzustoßen. „Also, ich finde ihn gar nicht so hässlich. Dafür, dass er nur hundert Francs[38] gekostet hat. – Wir haben zwanzig Prozent Rabatt bekommen, weil es der Letzte war."

---

[38] Doch, es gibt den Euro auch in Frankreich. Offiziell eingeführt wurde er, unter heftigen Diskussionen, am 1. Januar 2002. Ich glaube, manche Geschäfte zeichnen bis heute ihre Ware doppelt aus. Besonders die Älteren, die noch dabei waren, die Folgen der Währungsreform von 1960 zu verdauen, haben sich bisher nicht recht an „l'Öro" gewöhnt. Aber auch die Jüngeren denken häufig noch in Francs. Das Problem daran: 1 € entspricht nach letztem Stand etwa 6,55957 FF.

„Was gibt es denn wohl zu essen?“, frage ich.

„Ah!“, ruft Baptiste. *„Le réveillon de Noël!* Zu Tisch, Mesdames et Messieurs.“ Er bietet mir den Arm. Unter der Korblampe hat Jean-Luc festlich eingedeckt. Es gibt weiße Papierservietten und sogar die Bestecke passen zusammen. Radio France spielt Billie Holiday.

„Voilà!“ Jean-Luc balanciert eine große Platte vor sich her. „Das *amuse-gueule* entfällt. Wir beginnen direkt mit dem Hauptgang: grillierte Schenkel vom Bresse-Huhn mit einer Variation von *pommes de terre* an Endivienspitzen …“

Baptiste unterbricht ihn: *„En bref*: Hühnchen mit Pommes. *Joyeux Noël!“*

Wir sehen uns an, und mir wird auf einmal ganz warm im Bauch. Ich glaube, das kommt vom Wein.

Am nächsten Morgen erwacht Kater Paul im Salon nach süßen Träumen auf einem Pizzakarton Frutti di Mare. Neben ihm auf dem Sofa liegt ein vollständig bekleideter Thierry und schnarcht. Im Arm hält er ein großes, rosafarbenes Paket. Darin ist eine Puppe, die er seiner Tochter Mavie zu Weihnachten schenken wollte. Aber Sandrine, die Mutter der kleinen Mavie, hat ihn nicht einmal hereingelassen. Die halbe Nacht hat Thierry vor dem Mietshaus in Bobigny, in dem er selbst bis vor drei Monaten wohnte, im Auto verbracht. Irgendwann hat er angefangen, den Wein, den er für Sandrine mitgebracht hatte, selbst zu trinken. Wie er schließlich auf das Sofa gelangt ist, weiß man nicht so genau.

Im Zimmer schräg gegenüber teilen sich Jean-Luc und sein Bruder Baptiste ein für zwei eindeutig zu schmales Bett. Baptiste hat Jean-Luc den Arm um die Schultern gelegt, und es sieht ein bisschen aus wie früher, als sie noch klein waren. Baptiste Rossignol ist übrigens kein Heavy-Metal-Musiker, sondern Assistent der Astrophysik am Observatoire de Paris in Meudon. Seine Spezialgebiete: Kosmogonie und Schwarze Löcher.

Am Ende des Flurs liegt eine junge Deutsche schlafend auf ihrem für eine Person eindeutig zu großen Bett und hält den Hörer ihres Telefons umklammert. Aus dem Hörer tönt ein sanftes Tuten, nicht weit entfernt steht eine leere Flasche Wein. Es war schon sehr spät, als gestern Nacht das Telefon klingelte und jemand aus Deutschland „Frohe Weihnachten" sagte. Leider war auf die Schnelle kein Haselnussschnaps aufzutreiben gewesen.

Französisch für Anfänger VI

Weihnachten *comme il faut* feiert man auch in Frankreich etwas anders. Trotzdem dürfte es, falls Sie zu den Weihnachtsromantikern dieser Welt zählen, eher eine Enttäuschung für Sie sein. Bis zum 24. Dezember tut sich in Paris von exzessiver Straßenbeleuchtung abgesehen nichts. Es gibt keine Adventskränze, keine Kerzen, keine Plätzchen. Auch Heiligabend ist ein ganz normaler Arbeitstag, der jedoch etwas früher beendet wird, um sich in Einkaufsorgien zu stürzen. *Le réveillon de Noël* heißt das große Festmahl im Kreise der Familie, und man scheut weder Mühen noch Kosten. *Foie gras*, Lachs, Austern, Jakobsmuscheln, Hummer. Dann folgt der Kirchgang. Nach der Messe geht es gegen Mitternacht noch einmal weiter. Erst mit dem Geschenke-Auspacken, dann mit dem Essen. Beendet wird der Abend mit Käse und dem Weihnachtsdessert par excellence, der *Bûche de Noël*. Man liegt nicht so ganz falsch damit, das mit Weihnachts-Baumstamm zu übersetzen. Ein Schnaps hinterher kann jedenfalls nicht schaden. Ursprünglich soll es sich tatsächlich um ein Holzscheit gehandelt haben, das der weihnachtliche Besucher auf dem Land seinem Gastgeber mitbrachte, um den Kamin zu heizen. Mit dem Aufkommen moderner Heizsysteme verwandelte sich die *Bûche de Noël* dann in eine mit Schokoladencreme gefüllte und umhüllte Biskuitrolle in Form eines Baumstammes. Da sie meist nicht gleich alle wird, ist sie auch am 25. Dezember nicht wegzudenken. Dann geht *La Grande Bouffe* weiter. Zuvor packen allerdings die Kinder ihre Geschenke aus, die *Père Noël* über Nacht gebracht hat[39] – natürlich nur denjenigen, die ihre Schuhe ordentlich geputzt und unter den Weihnachtsbaum gestellt hatten.

Für die Großen gibt es an diesem Tag *la dinde aux marrons,* eine mit Maronen gefüllte Pute, alternativ darf es auch ein Kapaun sein. Am 26. sind dann alle wieder zu Hause und beginnen *le régime,* die notwendige Diät.

39 *Père Noël* hat sich übrigens erst in den 1920er Jahren in Frankreich durchgesetzt. Ebenso der Weihnachtsbaum. Bis dahin war es eher üblich, sich am Neujahrstag, *le jour de l'an,* zu beschenken.

Januar – Super jolie nana

9. Kapitel, das vom französischen Verständnis von Zeit und der Liebe auf den ersten Blick handelt. Monsieur Marcel kommt zum Einsatz und Alix begeht vielleicht ein Verbrechen.

Aufgabe des Monats: Auf Zehn-Zentimeter-Stilettos Haltung bewahren.
Erkenntnisse: Im Angesicht des Hasen soll man schweigen.

Am ersten Januar nach dem Frühstück lief ich mit Gaetano durch den Park Monceau und bis zum Palais de Tokio. Es begann gerade wieder zu dämmern. Auf den Stufen, die Richtung Seine führten, blieben wir stehen und beobachteten drei Jungs dabei, wie sie versuchten, mit ihren Skateboards die Treppen hinunterzuspringen. „Ich glaube, ich werde alt." In Wahrheit fühlte ich mich bereits so. „Wem sagst du das", knurrte Gaetano. „Ich bin immerhin zehn Jahre älter als du. Mir geht es bestimmt zehnmal schlechter!"

So reden Menschen über dreißig, wenn sie endlich mal wieder eine Nacht durchgemacht haben und feststellen müssen, dass der wohlige Kater, den man früher als Beweis dafür genommen hatte, dass die Nacht eine sehr wilde gewesen war, sich in einen elenden Katzenjammer verwandelt hat. Schweigend starrten wir zu den Skatern und ihren jungen, wendigen Körpern hinab. Selbst wenn sie stürzten, gelang es ihnen immer noch im letzten Moment, sich wieder zu fangen.

Ob sie auch irgendwann einmal an unserer Stelle stehen würden?

„Ach, Gaetano, warum ist das Leben so verwirrend?"

„Das Leben ist, wie es ist." Er übte seit Neustem Yoga bei einem Zen-Meister. „Wir sind es, die verwirrt sind. Du musst nur deine Mitte wiederfinden. Dann wird dir alles klar."

Ich beschloss, nichts dazu zu sagen, und versuchte stattdessen, irgendwo am blauen Horizont La Défense zu entdecken, aber es gelang mir nicht. Vermutlich standen wir ganz falsch. Aber schon bei dem Gedanken daran konnte ich wieder die Träger meines Seidenkleides auf der Haut spüren, diese Hand in meinem Rücken und im selben Moment Alix hören, wie sie, das Weinglas in der Hand, ruft: „Wisst ihr was? Wir fahren nach La Défense!"

„Was, jetzt? Es ist vier Uhr morgens!"

„*Tant pis*. Dann verpassen wir wenigstens nicht den Sonnenaufgang. Mein Vater hat sein Büro dort. 44. Etage und der grandioseste Blick aller Zeiten. Worauf warten wir?!"

Wir hatten beschlossen, selbst eine Silvesterparty zu geben. Jeder durfte ein paar Leute einladen. Alix hatte die längste Liste. „Aber eigentlich brauche ich auch nur Vladimir", säuselte sie. „Die anderen sind bloß für die Deko." Vladimir war Tänzer und, laut Alix, „*une vraie bête*"[40]. Ich hatte bisher nur einmal seinen Oberkörper zu Gesicht bekommen – was genügte, um zu wissen, was sie meinte. Selbst Kitty verdrehte die Augen, wenn sie ihm morgens im Flur begegnete. Und sie als ehemaliger Profi musste es ja wissen. Gesprochen hatte er dagegen bisher nicht sehr viel.

---

40 Wörtlich: ein echtes Tier.

Jean-Luc sagte, es kämen vielleicht ein paar Kollegen, aber daran glaubte ich nicht so recht. „Ich würde zwei, drei Kumpel von Rungis fragen, wenn's euch nicht stört", sagte Thierry, den wir, seit wir seine Geschichte kannten, freundlicher behandelten. „Wir würden uns dann ums Büffet kümmern."

Ich fragte Gaetano. Er sagte, er käme gerne, und bat, „jemanden" mitbringen zu dürfen.

„Ah, bevor ich es vergesse!", rief Jean-Luc. „Baptiste möchte auch vorbeikommen. Er fand es sehr nett neulich." Seltsamerweise hüpfte mein Herz bei dieser Nachricht.

„Alix, weißt du einen guten Friseur? Meine Haare sehen schrecklich aus. Und ein neues Kleid brauche ich auch. Ich habe *überhaupt* nichts mehr anzuziehen!" Meine Kleiderstange bog sich unter dieser Behauptung noch mehr als sonst, und auch Alix sah mich prüfend an.

„Geht es um einen Mann?"

„Unsinn. Ich habe einfach nur das Gefühl, ich müsste das neue Jahr anders beginnen als das alte."

„Ich glaube dir kein Wort. Aber komm mich doch morgen von der Galerie abholen. Dann machen wir eine kleine Tour."

Zwölf Stunden später: Ich klingele, im ersten Stock öffnet sich ein Fenster, Alix wuchtet ihre 90 D über das Geländer. „Sekündchen", flötet sie, „komme sofort."

Es vergeht eine Viertelstunde, dann ist sie da, das *Portable* am Ohr, die Zigarette im Mundwinkel. Ich überlege, ob ich eingeschnappt sein soll, aber dann fällt mir Jean Seberg in „À bout de souffle" ein, wie sie mit ihrem wunderschönen Akzent sagt: „Franzosen sagen immer ‚eine Sekunde', wenn sie meinen fünf Minuten."

Tant pis, denke ich also, und einige Sekunden später besitze ich dieses unfassbare, nachtblaue Seidenkleid und diese wahnsinnig hohen Riemchenpumps, auf denen man keine zwanzig Meter weit kommt. „Wie eine Gazelle“, sagt Alix, und diesmal bin ich diejenige, die ihr kein Wort glaubt. Für den Friseur *super-branché* reicht es jetzt allerdings nicht mehr. Also muss Monsieur Marcel ran.

„Wie Jean Seberg“, sage ich, ohne nachzudenken, auf die Frage nach meinen „Vorstellungen“. Er weiß sofort, was ich meine. Klar, die 1960er, das war vermutlich seine Zeit. *„Ah oui*, Mademoiselle Seberg“, sagt er. „Eine großartige Schauspielerin, selbst wenn man bedenkt, dass sie Amerikanerin war.“ Dann sagt er nichts mehr und macht sich ans Werk.

Die Frau mit dem jungenhaften „Coupe Seberg“, die anschließend die Rue du Rocher überquert, hat zwar meine Sachen an, davon abgesehen aber, erkenne ich sie nicht wieder. Sie hat alles getan, was Simone de Beauvoir verabscheuen würde, nur weil ihr Herz einen kleinen Hüpfer gemacht hat. Und dafür wird sie dann auch vom Leben zurechtgewiesen werden.

Gegen zehn war unsere Wohnung ziemlich voll. In der Küche hatten Thierry und seine „Kumpels“ Pierre und Laurent ganze Arbeit geleistet. Es gab unglaubliche Käsesorten, Pasteten mit Fisch und Fleisch und eine Wagenladung Petit Fours. Thierry war ganz in seinem Element. Er verwickelte Jean-Luc in ein Gespräch über Käse, während Pierre versuchte, Alix' Freundinnen anzugraben, und Laurent mich. Er hatte einen Teller mit Petits Fours beladen und wedelte mit einer nougatbraun gestreiften Winzigkeit vor meinen Augen herum. „Dieses hier *musst* du probieren!“, rief er. „Ein Meisterwerk. Dieser Geschmack! *Un grand opéra!*“

Aber mir war nicht nach großer Oper. Am liebsten wäre ich überhaupt gegangen.

„Das ist Néné“, hatte er gesagt. Für einen Moment war

ich wie gelähmt. Überrumpelt starrte ich von meinen Zehn-Zentimeter-Absätzen hinab in ihre riesigen Rehaugen. Sie war winzig, zierlich, durch und durch französisch.

„Da hast du's", flüsterte Simone de Beauvoir an meiner Seite. „Ein Riesenaufstand für nichts und wieder nichts. So wird das nie was mit der Emanzipation."

Ich fand ihre Argumentation nicht ganz klar, aber für eine Diskussion war jetzt nicht der richtige Augenblick. Baptiste hatte eine Freundin, und ich musste den Abend trotzdem so elegant wie möglich hinter mich bringen. Haltung bewahren war jetzt alles. Alix durchschaute die Situation sofort. Sie ließ einen Moment vom schönen Vladimir ab und kam auf uns zu. „Was für niedliche Schuhe!", rief sie und zeigte auf Nénés silberne Pantoletten. *„Tout à fait style Cendrillon."* Und zu mir raunte sie: „Soll ich ihr ein *laxatif* in den Drink mixen? Aber ehrlich gesagt, bin ich nicht ganz sicher, ob er es wert ist."[41]

Danke, Alix, dachte ich. Da war er wieder, dieser pariserische Hang zur Doppeldeutigkeit, der die Gemeinheit ebenso enthält wie das oberflächliche Kompliment und damit unantastbar ist: Cendrillon ist die französische Version vom Aschenputtel, und damit hatte Alix der anderen gleich mal klargemacht, wo hier der Hammer hing. Ich fühlte mich getröstet und beschloss, im Verlaufe des Abends meine gazellenartige Leichtigkeit voll und ganz zum Einsatz zu bringen. Ich trank Champagner aus langstieligen Gläsern, tanzte mit dem schönen Vladimir, den Alix mir ausgeliehen hatte, und hoffte auf Gaetano. Der erschien gegen elf in Begleitung eines glutäugigen Gaspard aus Marseille. Beide sahen hervor-

[41] Ein *laxatif* entspannt den Darm. Ob er es wert war, wusste ich allerdings selbst noch nicht.

ragend aus. Sie trugen schwarze Anzüge und Manschettenknöpfe, und ich war so mit meiner eigenen Enttäuschung beschäftigt, dass ich erst lange nach Mitternacht, als sie sich unter unserem Weihnachtsbaum küssten, kapierte, was los war.

„Bonne année!", sagte in diesem Moment jemand dicht hinter mir, während Alix das Glas zum Sturm auf La Défense hob und ich seine Hand in meinem Rücken spürte. „Wollen wir tanzen?"

Ich machte mich ein wenig steif. „Wo ist Néné?"

„Nach Hause gegangen. Ihr war nicht gut, sie hat wohl etwas Falsches gegessen." Mir wurde eiskalt vor Schreck. Ich suchte Alix' Blick, sie grinste und winkte. Ich wäre am liebsten im Boden versunken.

Meine Rettung war der allgemeine Aufbruch. Ohne genau zu verstehen wie, fand ich mich plötzlich eingeklemmt zwischen Pierre und Laurent auf der Rückbank von Thierrys schepprigem Renault in Richtung La Défense. Irgendwie war der schöne Vladimir auf den Beifahrersitz geraten, von wo aus er melancholisch trunkene Handygespräche mit Russland führte. Pierre hatte eine Flasche Champagner zwischen den Knien und unterhielt sich über meinen Kopf hinweg mit Laurent. „Ich sag' dir, die ist ganz wild auf mich. Aber die andere war auch nicht übel, die Kleine, die mit dem Tätowierten da war. Hast du ihre Brüste gesehen?!" – *„Mais sûr"*, kam es von der anderen Seite, *„une super jolie nana*. Schade, dass sie schon abgehauen ist."

Plötzlich durchfuhr mich eine Riesenwut. „Große Brüste! Ist das alles, woran ihr denken könnt?"

„Oh là là", murmelte Pierre, aber Laurent sah mich strahlend an. „Ganz und gar nicht. Du hast zum Beispiel ganz wunderschöne Beine. Da kommt keine Französin mit. Wie der Eiffelturm so lang." Er zupft an meinen Netzstrümpfen. Ich hatte es nicht vorgehabt, aber ich musste trotzdem lachen.

Baptiste sah ich erst wieder, als wir alle im 44. Stock standen und auf den großartigsten Ausblick aller Zeiten anstießen. Keine Ahnung, wie Alix es geschafft hatte, den Nachtwächter blind und taub zu bekommen, aber es war die Zeit von *les étrennes*[42], und sie hatte vermutlich einige Francs springen lassen. „*Zut alors!*" Laurent, der offensichtlich beschlossen hatte, nicht mehr von meiner Seite zu weichen, pfiff anerken-

---

[42] *Les étrennes* ist das traditionelle Weihnachts- oder Neujahrsgeld, das in Paris Putzfrauen, Postboten, Concierges und andere dienstbare Geister bekommen. Vor allem bei den Concierges ist man gut beraten, nicht zu knapp zu rechnen: „Frankreich ist ein freies Land, sagen die Leute. Das mag, für viele Gebiete, richtig sein. Daß sich aber eine Stadt wie Paris die Tyrannei dieser Hausmeister gefallen lässt, ist etwas, das ich – auch nach jahrelangem Aufenthalt in dieser schönen Stadt – niemals begriffen habe. Er bittet nicht um die „étrennes" – er verlangt sie, traulich, auf die unsichtbare Pistole gelehnt, die jeder Mieter kennt. Denn jeder Pariser Hausmeister ist ein Beobachter deines privaten Lebens. Er weiß alles. Durch ihn gehen alle Briefe. Er fängt deine Besuche ab. Er kann dich so maßlos schikanieren, dass es besser ist, du ziehst aus, als einen vergeblichen Krieg zu führen, den du unweigerlich verlierst. Und von seinen Beziehungen zur Polizei will ich gar nicht sprechen. Doch, ich will davon sprechen. Eine mir befreundete Engländerin fand in ihrem „dossier", in ihrem Aktenstück, das über alle Fremden und über alle wichtigen Franzosen auf der Polizei geführt wird, diese kleine Eintragung: „Empfängt viele Leute von Welt, schläft aber nur mit einem dekorierten Herrn ..." folgte der Name. Für jeden Kenner war klar, woher diese Angabe stammte. Vom Hausmeister. Aus Glas sind deine Wände, dein Privatleben ist keines, *er* bringt es an den Tag. Hüte dich! Und gib ihm – und vor allem ihr – reichlich zu Weihnachten, zu Silvester und zu Neujahr. Es ist dein Vorteil; man kann nie wissen; hörst du die Butter auf deinem Kopf schmelzen?" Peter Panter (Kurt Tucholsky), ca. 1927

nend durch die Zähne. „Muss ja keine schlechte Partie sein, eure Alix, wenn das das Büro von ihrem Alten ist."

„Vergiss es", sagte ich. „Sie ist bereits enterbt. – Wie ich übrigens auch." Damit ließ ich ihn stehen und flüchtete auf den Rückzugsort aller Frauen in Not, die Toilette.

„Also, super jolie nana", ich warf der jungen Frau im Spiegel einen strengen Blick zu, „jetzt oder nie. Du gehst jetzt zu Baptiste, sagst, dass Alix seine Freundin vergiftet hat und dass es dir aber überhaupt nicht leidtut, weil er es absolut wert ist. Und dann sehen wir weiter. *On y va.*"

Unterwegs legte ich an der gut sortierten Vorstands-Hausbar, die jemand in der Wandvertäfelung entdeckt hatte, einen längeren Halt ein. So waren meine Schritte etwas unsicher, als ich – halb Gazelle, halb Eiffelturm – schließlich mit zwei Gin Tonic in der Hand auf Baptiste zusteuerte. Stumm starrten wir durch die bodenlangen Fenster in die schwindende Nacht hinein, die Lichter von Paris zu unseren Füßen. Irgendwo dort unten schlängelte sich das graue Band der Seine vorbei, irgendwo dort unten tanzten in weiter Ferne die Menschen auf den Champs Elysées – falls sie tanzten und nicht bloß betrunken waren – und irgendwo dort hinten würde bald die Sonne aufgehen.

„Du, Baptiste –", es kostete mich alles. „Ich muss dir etwas sagen. Es ist so ..."

„Schsch. Nicht sprechen", flüsterte er und zeigte in den Winterhimmel. „Siehst du den Großen Hund? Dort oben in der Mitte, das ist Sirius. Daneben ist Orion, und südlich davon der Hase. Wenn man ihn mit bloßem Auge so klar sehen kann wie heute, sollte man auf keinen Fall sprechen."

Also schwiegen wir und tranken Gin Tonic, bis der neue Tag uns alle von glänzenden Nachtschwärmern in blass-erschöpfte Morgengestalten mit rissigem Make-up und geröteten Augen verwandelt hatte. So begann mein neues Jahr in Paris mit einem ungebeichteten Kleinverbrechen und dem Gefühl, diesen Moment an keinem anderen Ort der Welt erleben zu wollen.

„Du, Gaetano, glaubst du an die Liebe auf den ersten Blick?" Beiläufig kickte ich eine leere Champagnerflasche beiseite.

„Oh là là, Mademoiselle", er lachte, „für diese Frage sind Sie eigentlich fünfzehn Jahre zu alt."

„Ehrlich gesagt, habe ich nicht das Gefühl, seit damals weitergekommen zu sein." Die Flasche kreiselte fröhlich um sich selbst.

„*Bon*! Also, ich glaube nicht daran. Es gibt Begehren auf den ersten Blick. Und wenn dann in einem von hundert Fällen mal mehr daraus wird, dann stellen die Leute sich hin und sprechen verzückt davon, es sei gleich die große Liebe gewesen."

„Und Gaspard? Wie lange kennt ihr euch?"

„Drei Wochen ungefähr. Aber da gibt es nicht viel dran zu deuten. Du hast ja gesehen, wie er aussieht."

„Der Heilige Sebastian by Marc Jacobs." Ich gab der Flasche einen neuen Tritt. „Aber was sagt dein Yogi dazu? Ich dachte, Begehren ist Leiden, oder so."

„Von Zeit zu Zeit quält auch den Fisch der Durst."

„Wie bitte?"

„Hat er gesagt. Das war mein *Koan* für die Woche."

„So ein Unsinn."

„Wie du meinst", schnappte er beleidigt, „aber ich lade dich gerne mal zu einer Probemeditation ein. Deinem Leid könnte ein wenig Abstraktion nicht schaden, wie mir scheint."

„Mein Leid misst ganz konkrete 1,65 Meter und heißt Néné." Ich gab dem Champagner einen wütenden Tritt. Die Flasche kullerte die weißen Stufen hinab und zersprang.

„*Mince, qu'est-ce qu'il t'arrive aujourd'hui?*[43] Ein wenig Yoga könnte dir wirklich nicht schaden. Seit wann lässt du dich von Frauen einschüchtern, die halb so groß sind wie du?"

„Viel schlimmer finde ich ehrlich gesagt, dass ich im entscheidenden Moment den Mund nicht aufbekommen habe."

„Aber nicht doch, *ma chère*. Botschaften werden vom Auge weitergegeben, manchmal ganz ohne Worte."

„Ist das jetzt wieder Zen?"

„Nein, das ist eine alte Fotografenweisheit."

So begann das neue Jahr.

---

[43] „Mannomann", würde der Deutsche hier sagen, „was ist denn mit dir los!"

Französisch für Anfänger VII

Sie erinnern sich an den Geist der Simone de Beauvoir, der mir kürzlich etwas über die Emanzipation zuzischeln wollte? Ich würde gerne noch einmal darauf zurückkommen. Denn wie den meisten Nicht-Französinnen erschien auch mir Frankreich als eine Art wiedergefundenes Paradies, in dem die Bestrafung Evas für den Apfel mittels Kinderkrippen, Ganztagsschulen und Gewerkschaften überwunden sei. Da ist was dran, zumindest in Paris. Eine Pariserin, die sich entschlösse, daheimzubleiben, um das optimale Gedeihen des Nachwuchses zu überwachen, würde sich bald langweilen und vereinsamen. Die Wochentage, die Parkbänke und Spielplätze der Hauptstadt gehören den *Nounous*, die sich hier – nach Herkunftsland geordnet – treffen und Neuigkeiten austauschen. Mütter haben da nichts zu suchen. Sie arbeiten. Überhaupt ist der Begriff „Rabenmutter“ im Französischen völlig unbekannt. Nach drei Monaten kehren die meisten Frauen in den Beruf zurück, flankiert von einer ausgefeilten Familienpolitik, die erreichen möchte, dass Madame die drei Kinder, die sie sich statistisch gesehen wünscht, bekommt und trotzdem Karriere machen kann. 80 Prozent aller Mütter in Frankreich arbeiten, und 40 Prozent aller Führungskräfte in Frankreich sind Frauen. Das ist, verglichen mit dem restlichen Europa, ziemlich gut, vor allem wenn man bedenkt, dass die Französinnen bis zum Ende des Zweiten Weltkriegs kein Wahlrecht hatten und weder ein eigenes Konto noch einen Auslandspass besitzen durften. Trotzdem gab es in Frankreich nie einen radikalen Feminismus, da hat auch Simone de Beauvoir nicht viel ausrichten können.

Vielleicht waren den Französinnen ihre *soutien-gorges*, ihre BHs, schon immer viel zu teuer, um sie zu verbrennen. Andererseits hätten sie womöglich ganz gut daran getan. Der französische Mann nämlich ist Macho geblieben. Er hält weder von Hausarbeit besonders viel noch davon, seine einmal eroberten Sphären zu teilen. Das gilt vor allem für die Politik. Nur 12 Prozent der Abgeordneten in der Assemblée Nationale sind weiblich. Zwar wurde im Jahr 2000 ein Gesetz verabschiedet, nach dem die Kandidaten aller Parteien bei Wahlen je zur Hälfte Frauen sein müssen, die konservative Partei UMP zahlt aber lieber rund 4 Millionen Euro Strafe, als sich auch nur annähernd an diese Vorgabe zu halten.

Februar – Vitamin B für die Präfektur

10. *Kapitel, das die Geschichte von Pawel und Lilli erzählt.*

DANN GING UNSER BOILER KAPUTT. Da er sicher hundert Jahre alt war, konnte man ihm keinen Vorwurf machen. Wir riefen Monsieur Jacques an. Er versprach, sich zu kümmern. Ein paar Tage lang duschten wir tapfer kalt, dann sagte Alix: „*Cela suffit! J'en ai marre.* Wir organisieren das selbst."

„Und wer zahlt das?", protestierte Jean-Luc, den ich im Verdacht hatte, gar nicht zu duschen. „Wer weiß, was da kaputt ist. Ich finde, wir warten noch eine Weile, vielleicht kommt es ja von selbst wieder in Ordnung." Mir fiel das ungeheizte Schloss ein. Und Baptiste. Ich hatte nichts mehr von ihm gehört. Aber ich hätte mir eher die Zunge abgebissen, als Jean-Luc nach ihm zu fragen. Ich arbeitete und litt ein wenig und hatte mich für die kommende Woche zu einem Yoga-Kurs angemeldet.

Alix unterdessen gab nicht nach.

„Thierry, was ist mit dir?"

„Ich bin Käseexperte und kein Klempner."

„Aber du kennst doch sicher jemanden, der uns das schwarz machen kann."

„Mal sehen", versprach er. „Ich höre mich mal um."

Kurz darauf stand Pawel in der Tür. Er trug abgewetzte Cordhosen und einen metallenen Werkzeugkasten und wirkte rundum vertrauenerweckend. Er murmelte etwas von Ventilen und Kalk und nach kurzer Zeit blubberte der Boiler wieder vor sich hin, als wäre nichts gewesen.

Der Schrei, der mich weckte, war markerschütternd. Er kam aus dem Bad. Es war Alix, und sie sah aus wie ein Hummer. Der Boiler hatte sie verbrüht.

Der verschüchterte Pawel, der bald darauf zum zweiten Mal auftauchte, sah ihr farblich nicht unähnlich, als er wortreich zu erklären versuchte, wie er unseren Jahrhundertboiler in eine Höllenmaschine verwandelt hatte.

„Wissen Sie, eigentlich bin ich Nationalökonom. Das ist das, was ich studiert habe. Aber da, wo ich herkomme, braucht man keine staatlich geprüften Nationalökonomen mehr. Das ist jetzt Privatsache. Das macht jetzt die Mafia." Er lachte. Aber es klang enttäuscht.

Pawel und Natalia Andruchowitsch, genannt Lilli, waren seit zwei Jahren verheiratet, als die Sowjetunion zerfiel und die Ukraine ein unabhängiger Staat wurde. Ein paar Jahre lang lief alles noch normal weiter, aber schließlich kam die neue Zeit auch in Charkow an. Pawels Institut wurde geschlossen und Natalias Gehalt als Lehrerin war plötzlich nur noch Pfennige wert. Als dann auch das Restaurant pleiteging, in dem Pawel seit seiner Entlassung gearbeitet hatte, wussten sie nicht weiter. Sie waren Anfang dreißig, und ihr Land brauchte sie nicht mehr. Von ihren gleichaltrigen Bekannten war kaum noch jemand da. Reihenweise wanderten die Jungen nach England, Amerika oder Deutschland aus. Und dann war da noch Kolja, ihr kleiner Sohn. „Welche Zukunft hätten wir ihm bieten können?" Also bestieg Pawel am 31. Januar 1999 mit einem Touristenvisum in der Tasche den Bus, der ihn über Krakau und das Kirchheimer Dreieck nach Paris bringen würde. Geld für das Visum hatte er sich von den Schwiegereltern geliehen und am Gare Routière in Galliéni sollte ein Landsmann, ein Freund von Bekannten der Nachbarn, auf ihn warten. Dann würde man weitersehen. Dass sie sich ausgerechnet für Paris entschieden hatten, lag letztlich an Ilja Metschnikov. Der wurde 1845 in Charkow geboren und erhielt 1908 als Direktor des Institut Pasteur für Forschungen auf dem Gebiet der Immunologie den Nobelpreis für Medizin. Wenn sich für ihn der Weg gelohnt hat, dachte Pawel, dann wird er das vielleicht auch für uns.

Aber die ersten Wochen waren hart. Der Freund der Bekannten der Nachbarn brachte ihn in einer illegalen Wohngemeinschaft unter. Eine winzige Parterrewohnung, in der bereits fünf andere Ukrainer lebten. Einer von ihnen sagte Pawel, wenn er Arbeit suche, solle er es in der ukrainischen Kirche beim Boulevard Saint-Germain versuchen. Als er das erste Mal mit der Metro dorthin fuhr, stieg er extra eine Station zu früh aus und bummelte ein wenig durch die Straßen und träumte vor den Auslagen von all den Dingen, die er Lilli eines Tages schenken würde. Anschließend holte er sich wie jeden Tag seine Verpflegung bei einer Station der *Restos du Cœur* und versuchte, nicht allzu viel an seine kleine Familie daheim zu denken. Irgendwann hatte er Glück und jemand verschaffte ihm Kontakt zu einem polnischen Bauunternehmer, der ihn als Handlanger anstellte.[44] „Ich konnte ein bisschen von allem – etwas Elektrik, ein bisschen Sanitär, Malern

---

44 Das Pariser Sanitär- und Baugewerbe sind fest in osteuropäischer Hand, und *„le plombier polonais"*, der „polnische Klempner" ist inzwischen zum Synonym aller Billigarbeiter geworden. Von den Gegnern der EU-Verfassung wurde er 2005 zum Symbol für eine bedrohliche Zukunft voller Dumpinglöhne, Arbeitslosigkeit und Immigranten stilisiert. Die Warschauer Zeitung „Zycie Warszawy" entgegnete dem, es seien in Frankreich lediglich 150 Klempner aus Polen beschäftigt. Zu dieser Zahl hinzufügen muss man allerdings das Wort „offiziell".

und Maurern sowieso. Das war ihm gerade recht." Drei Monate später gelang es Pawel sogar, ein winziges Studio in einem Vorort im Osten von Paris zu ergattern. Weshalb der Vermieter nicht nach Papieren gefragt hat, ist Pawel bis heute ein Rätsel, aber es genügte, wenn er pünktlich jeden Monat zahlte.

Jetzt konnte endlich auch Lilli nachkommen. Ihr Französisch war genauso schlecht wie Pawels, aber sie legte einen unglaublichen Ehrgeiz an den Tag. „Sie wollte es unbedingt schaffen, um so bald als möglich Kolja nachholen zu können." Erst jobbte sie als Putzfrau, dann – sobald sie sich einigermaßen verständigen konnte – zusätzlich als Kindermädchen. An manchen Tagen wussten sie vor Müdigkeit beide nicht, wie sie bis zum Abend durchhalten sollten, aber ein Zurück, so viel war klar, würde es nicht geben. „Der schönste Moment war, als Kolja endlich kommen konnte. Ich hatte ihn über ein Jahr lang nicht gesehen und manchmal schon Angst gehabt, er könnte mich nicht wiedererkennen."

Aber dann stellte sich heraus, dass der Kleine die wenigsten Probleme hatte, sich einzuleben. Sie fanden einen Platz in der *école maternelle*, und bald sprach Kolja fließend Französisch mit Vorstadtslang. „Das haben wir seiner Lehrerin zu verdanken. Sie hat alles dafür getan, dass unser Kind sich einlebt, und nicht ein Mal nach unserer Situation gefragt."

Das französische Paradox: „Eigentlich wussten alle, dass wir ohne Aufenthaltsgenehmigung im Land lebten – mein Chef, Natalias Arbeitgeber, unser Vermieter, die Betreuer in der Schule, die Nachbarn – aber nie hat jemand uns angeschwärzt oder ausgenutzt oder auch nur ein böses Wort fallen lassen." Das hat die Andruchowitschs zu mustergültigen Illegalen gemacht. Lilli besuchte den kostenlosen Sprachunterricht der Mairie und Pawel einen Computerkurs, der von Sozialarbeitern des Viertels angeboten wurde. Niemals bestiegen sie die Metro ohne ein gültiges Wochenticket, sie zahlten

Steuern auf ihr schwarz verdientes Geld, blieben nie mit Miete, Strom oder Gas im Rückstand und eröffneten schließlich sogar ein eigenes Bankkonto. Auch hier fragte die Angestellte am Schalter nicht besonders nach, ihre Familie stammte aus Kamerun, und sie wusste, was es heißt, ein *immigrant* zu sein.

Nicht alle hatten so viel Glück. Eine entfernte Cousine Lillis geriet an einen Mädchenhändlerring, der ihr das Geld für die Einreise „lieh", und landete auf dem Straßenstrich in der Rue Myrha im 18. Arrondissement nahe des Gare du Nord. Und manche, von denen man hört, leben seit Jahren in den illegalen Unterkünften, wie sie Pawel nur aus der Anfangszeit kennt – manchmal sogar ohne Wasser, ohne Strom, ohne Heizung. Erwischt und abgeschoben wurde bislang selten jemand aus der Gemeinde der ukrainischen *sans papiers*. Was zum einen, so glaubt Pawel, daran liegt, dass die meisten sich möglichst unauffällig verhalten; zum anderen aber auch einfach daran, dass sie als Weiße selten ins Visier der Polizei geraten. Die hat sich bei ihren „Gesichtskontrollen", den *contrôles au faciès*, vor allem auf Farbige und Araber spezialisiert.

Trotzdem war die Angst immer da. Abschiebung, das war für sie das Ende aller Hoffnungen. Deshalb sind sie auch nie wieder bei ihren Familien in Charkow gewesen. „Vielleicht hätte man uns an der Grenze nicht wieder hereingelassen, vielleicht hätten wir die Bestechungsgelder, die nötig gewesen wären, nicht zusammengebracht." Zu viele Vielleichts, zumal die immer strengeren Einreisebestimmungen an den EU-Grenzen die Risiken und Kosten in die Höhe trieben. Auch deshalb gab es für die Andruchowitschs irgendwann nur noch ein Ziel: die *carte de séjour*.

„Vergesst es!", lautete der allgemeine Kommentar, als sie sich vorsichtig umzuhören begannen, wie denn wohl die Chancen auf das begehrte Dokument seien. Aber so schnell wollte Lilli nicht aufgeben. Also machte sie sich auf den Weg zur Präfektur von Bobigny, die für ihren Antrag zuständig sein würde. Die Geschichten, die über diese Prozedur kursierten, waren alles andere als ermutigend, aber dass es so schlimm sein würde, hätte sie nie gedacht. Jeden Tag, von Montag bis Freitag, drängeln sich vor der *Direction des Étrangers* an der Esplanade Jean Moulin zwei Warteschlangen. Eine für Antragsteller mit Vorladung und eine für diejenigen, die keine haben. Eine Wartenummer brauchen alle. Chancen, vor Feierabend dranzukommen, hat aber nur, wer eine halbwegs niedrige Nummer zieht. Deshalb kommen die Ersten schon gegen fünf oder sechs Uhr morgens, um sich einen möglichst guten Platz am Eingang zu sichern. Manche schlafen sogar vor der Tür. Wenn dann die *Direction des Étrangers* um halb neun öffnet, drängeln sich auf der Esplanade vor dem abweisenden Betonklotz bereits Hunderte. Manchmal kommt es zu Streit und Schlägereien um einen guten Platz, manchmal bekommt jemand einen Heulkrampf, und man wundert sich, dass die kümmerlichen Büsche rundum noch nicht gelb geworden sind. Denn mit Toiletten ist es so eine Sache. Einmal hatten die Andruchowitschs eine *convocation*, eine Vorladung, für neun Uhr, kamen wegen des Gedränges aber nicht rechtzeitig durch. Als sie es endlich bis zur Schalterbeamtin geschafft hatten, teilte die ihnen ungerührt mit, dass es jetzt „*trop tard*" sei und sie es eben noch einmal neu versuchen müssten. Mehr als einmal saß Lilli nach solchen Tagen auf der Präfektur abends heulend auf ihrem Schlafsofa und war bereit aufzugeben. In diesen Momenten kam auch das Heimweh, aber sie wussten beide, dass es nur die Sehnsucht nach einem Land war, das es schon lange nicht mehr gab.

Sie haben durchgehalten, die Andruchowitschs, und irgendwann tatsächlich ein dickes Dossier zur Esplanade Jean Moulin getragen. Der Anwalt eines Hilfsvereins für illegale Immigranten hatte ihnen signalisiert, dass die Zeit jetzt politisch günstig sei. In dem Dossier waren alle Papiere, die man für den Einbürgerungsantrag braucht: gültige Personalausweise, Familienbuch, Stromquittungen der EDF und Rechnungen von France Télécom, die bewiesen, dass sie seit mindestens drei Monaten eine feste Bleibe hatten, Gesundheitszeugnisse sowie Nachweise über ein regelmäßiges Einkommen – von dem allen Beteiligten klar war, dass es nicht aus einem legalen Beschäftigungsverhältnis stammen konnte. Doch das war nicht das Wichtigste. Das Entscheidende waren die Empfehlungsschreiben französischer Freunde oder Bekannter. Die Direktorin von Koljas Schule hatte ebenso einen Brief beigesteuert wie der Gemeindepriester, der in warmen Tönen davon schrieb, wie wenig man der Familie ihre ukrainische Herkunft noch anmerken würde. So vorbildlich lebten sie das Leben französischer Staatsbürger. Eine von Lillis Arbeitgeberinnen bot auch an, sich direkt an die Behörden zu wenden. Sie war die Schwester eines hohen Ministerialbeamten, und als Lilli zögerte, weil es sich womöglich ungünstig auswirken würde, wenn ihre illegale Anstellung so offenkundig wäre, sagte ihre *patronne* nur: „Keine Sorge, meine Liebe. Was ist schon ein bisschen Schwarzarbeit gegen einen guten Schuss Vitamin B?" Ohne das geht in Frankreich eben nichts.

Anschließend begann das bange Warten. Einerseits war die Situation nicht ungünstig, da Polizei und Ausländerbehörden gerade einmal wieder mit brutalen Abschiebeaktionen in die öffentliche Kritik geraten waren. Andererseits weiß man bei französischen Behörden eben nie, woran man ist, und wenn erst einmal eine negative Entscheidung getroffen wurde, ist jegliche Form von Protest oder Diskussion von vornherein sinnlos. In diesen Wochen dachte Pawel oft daran, wie es wäre, woanders noch einmal neu anfangen zu müssen. Er beobachtete sich selbst, wie er morgens mit seinen Kollegen an irgendeinem Tresen stand und seinen *petit* schwarz mit

Zucker herunterkippte, wie er mit Genuss seine *Gitanes* rauchte und nicht mehr diesen groben Osttabak. Er beobachtete Kolja, der ihm erst neulich erklärt hatte, wenn er groß sei, wie „Zizou" Zidane werden zu wollen, und Lilli, die schon lange niemand mehr Natalia oder Natascha gerufen hatte. Er sah, wie sie sich morgens für den Tag schminkte und versuchte, in ihr das Mädchen aus dem Jugendclub wiederzuerkennen, in das er sich vor so vielen Jahren verliebt hatte, und dabei begriff er etwas: Sie alle drei waren, ohne es zu bemerken, zu Parisern geworden. In dieser Stadt und nur hier war jetzt ihr Zuhause. Nicht in der Ukraine, nicht in Frankreich, ja vielleicht nicht einmal an jedem Ort dieser Stadt. Aber hier, zwischen algerischen Großfamilien und portugiesischen Hausmeisterinnen, hatten sie Wurzeln geschlagen. Und selbst wenn es noch Jahre oder vielleicht sein ganzes Leben lang dauern sollte, bis er endlich einmal eine Boutique in Saint-Germain betreten und mit einem Geschenkkarton für Lilli unter dem Arm wieder verlassen könnte, so wollte er doch nirgendwo anders mehr leben. Am nächsten Sonntag zündete er in der Kirche eine Kerze für den für sie zuständigen Beamten in der Präfektur an.

Was aber letztlich dessen Entscheidung beeinflusst hat – Pawles Kerze, Lillis „Vitamin B", die Tatsache, dass ihr Sohn praktisch in Frankreich aufgewachsen war oder schlicht und einfach nur Glück –, das haben die Andruchowitschs nicht erfahren. Viel wichtiger war ohnehin, dass sie die *carte de séjour* bekommen haben. Ein Jahr galt diese Aufenthaltsgenehmigung vorerst, eine Verlängerung aber, so sagte man ihnen, sei „bei guter Führung" kein Problem. Damit einher geht das Recht auf einen Arbeitsvertrag, bezahlte Ferien, Rente und Krankenversicherung. „Seither", sagt Pawel, „fühle ich mich wie ein freier Mann. Neulich bin ich sogar einmal im Bus schwarzgefahren, einfach so aus Spaß."

Französisch für Anfänger VIII

Einwandern nach Frankreich ist kein Problem – solange man Europäer ist. Inzwischen braucht man nicht mal mehr eine *carte de séjour*, es sei denn, man ist Student oder Au-pair, und selbst dann ist es zwar lästig wie jeder Ämtergang, aber im Grunde kein Problem. Schwierig wird es nur für diejenigen, die keine EU-Staatsbürgerschaft haben.

Die Grundlage der heutigen Einwanderungspolitik wurde in Frankreich 1945 gelegt. Damals gründete man das „Office national d'immigration" (ONI), das heute „Office des migrations internationales" (OMI) heißt, und führte drei verschiedene *cartes de séjour* ein, die je ein, drei oder zehn Jahre gültig waren. Da Frankreich nach dem Zweiten Weltkrieg laut Charles de Gaulle „12 Millionen Babys" brauchte, um demografisch und wirtschaftlich wieder auf die Beine zu kommen, förderte man damals vor allem die Zuwanderung von Familien. Der erste Immigrationsboom kam mit dem Wirtschaftswachstum und der Unabhängigkeit Algeriens in den 1960er Jahren. Die erste Ölkrise bereitete der Offenheit jedoch ein Ende. Ab Mitte der 1970er wurde die Immigration unter Präsident Valéry Giscard d'Estaing zeitweilig sogar ganz gestoppt. Damit geriet die Einwanderungspolitik erstmals in die Kritik: Es gab Proteste und Demonstrationen der Kirchen und politisch links orientierter Vereinigungen, und zum ersten Mal traten von Abschiebung bedrohte *sans papiers* in Hungerstreik.

Danach tendierte die französische Ausländerpolitik je nach Minister mal zu mehr, mal zu weniger Toleranz, im Grundsatz aber wurde die Einwanderung für EU-Bürger immer leichter und für alle anderen immer komplizierter. Von sich reden machte in jüngster Zeit Nicolas Sarkozy, der – selbst Sohn eines ungarischen Immigranten – als Innenminister der konservativen Partei UMP für eine massive Verschärfung der Einwanderungsgesetze sorgte. Seine erste Vorlage stammt von 2003, die zweite von 2005, eine weitere passierte den französischen Senat im Juni 2006. Diese so genannte „loi CESEDA" (Code sur l'entrée et le séjour des étrangers et sur le droit d'asile) unterscheidet die Einwanderung nach zwei Schlüsselkategorien, der *immigration choisie* und der *immigration subie*. Erstere ist die „erwünschte" Einwanderung hoch qualifizierter Arbeitskräfte und ihrer Familien. Für sie gibt es auch einen neuen Aufenthaltstitel namens „Kompetenzen und Talente". Immigranten, die diesen Status erhalten, dürfen zunächst drei Jahre in Frankreich bleiben. Falls sie auch danach noch ein festes Arbeitsverhältnis vorweisen können, wird die *carte de séjour* verlängert, sonst nicht. Falls man unter die Rubrik *immigration subie*, also die „erlittene" Einwanderung, fällt – wobei derjenige, der sie erlitten hat, Frankreich ist und nicht der Einwanderer –, stehen die Chancen auf eine Aufenthaltsgenehmigung allerdings denkbar schlecht. Im Sommer 2006 bekamen knapp 7000 von 33 000 Antragstellern die *carte de séjour*. Es handelte sich dabei vor allem um Familien, deren Kinder in Frankreich zur Schule gehen.

Abgeschafft wurde auch eine 1998 eingeführte Regelung, die *sans papiers*, die einen zehnjährigen dauerhaften Aufenthalt in Frankreich nachweisen konnten, das Bleiberecht ermöglichte.

März – Goût de vivre

11. Kapitel, in dem ich als Baum scheitere, Herrenbesuch bekomme und den Geschmack des Lebens koste.

Aufgabe des Monats: Atmen
Erkenntnisse: Tout vient à point à qui sait attendre.

Es ist ein Bild des Jammers: Mit wirrer Frisur (Jean Seberg als Igel), hochrot im Gesicht hüpfe ich auf einem Bein umher, rudere mit den Armen und versuche verzweifelt, die Balance zu finden. Um mich herum stehen alle fest und regungslos und haben die Hände vor der Brust zusammengelegt. Wie es sich gehört für einen anständigen Yogi, und ich sollte es eigentlich auch so machen. „Der Baum" heißt die Übung, aber das, was ich hier darbiete, müsste wahrheitsgemäß eher „räudige Krähe" heißen. Dabei ist der Baum angeblich erst eine Vorstufe für etwas ganz anderes. Meine Mattennachbarin hat sogar die Augen geschlossen. Nicht mal Gaetano schwankt ab und an ein bisschen.

„Du kannst auch erst einmal nur den rechten Fuß auf den linken stellen, wenn das für dich leichter ist", flüstert Sarah und lächelt mir aufmunternd zu. Sarah ist die Assistentin des Gurus, dem Gaetano seine neu gewonnenen Weisheiten verdankt. So stehe ich jetzt da wie jemand, der sehr dringend zur Toilette muss, und bin enttäuscht. „Inspiration aus den Tiefen deiner Selbst" hat man mir versprochen. Doch das Einzige, was ich spüre, sind meine nackten Füße auf der gummiartigen Yogamatte und ein heraufziehender Krampf im Po. Ich hatte mir Yoga immer als etwas vorgestellt, bei dem man auf einem Kissen im Kreis sitzt, sich einen Stein oder eine Schildkröte vorstellt und dann abwartet. Stattdessen musste ich in der vergangenen Stunde bereits den „Adler", den „nach unten blickenden Hund" und die „halbe Heuschrecke" machen, außerdem „spüren", wie ich im Boden versinke – was beim besten Willen nicht gelang – und meinen Atem in die Zehen schicken. Dort kam er allerdings nie an, oder ich habe nur nichts gemerkt. Die anderen um mich herum scheinen jedenfalls keine Probleme damit zu haben. Sanftes Lächeln, gütige Blicke, vollkommene Zufriedenheit. Dann müssen sich alle auf kleine hölzerne Meditationsbänkchen setzen und mit untergeschlagenen Beinen „einfach nur atmen". Natürlich soll man „nichts" denken. Ich schaffe das nicht einmal dreißig Sekunden lang, dann ertappe ich mich sofort wieder dabei, wie ich daran denke, dass ich noch Milch kaufen und unbedingt Georg anrufen muss und am Automaten Geld abheben. Dass ich mich über Madame Abteilungsleiterin geärgert habe, weil sie mir für die nächste Woche nur späte Schichten gegeben hat, und dass ich noch ein Geburtstagsgeschenk für Jean-Luc brauche. Ich rufe mich innerlich zur Ordnung und denke nichts, bis mir auffällt, wie wahnsinnig unbequem diese Haltung ist. Mein Rücken schmerzt, meine Beine sind taub, mir wird langsam kalt. Heizen ist offenbar nicht *Zen*.

Ganz sicher aber ist es „bouddhistomaniaque". So nennen die Pariser halb ironisch, halb liebevoll ihre meditierenden, Yoga übenden oder sonstwie von fernöstlicher Lebensweise inspirierten Mitbürger. Ich hatte diese Stadt immer für viel zu chic und bequem gehalten, als dass Räucherstäbchen, Energieatmung und körperliche Verrenkungen dort eine Chance hätten. Alle, die ich kannte, verbanden jedenfalls mit dem Begriff „Entspannung" eine gute Flasche Rotwein.

Doch wie immer hatte ich nicht mit der Größe der Stadt gerechnet, die so viel Raum für anderes ließ. Und wieder war es Gaetano, der mir dieses andere zeigte.

Leider war ich keine gute Schülerin.

„Und nun möchte ich mit euch noch Om singen", sagte Sarah und lächelte.

„OM wie Olympique Marseille"[45], flüsterte ich Gaetano zu. Unglücklicherweise hatte ich die auf zenmäßiges Schweigen ausgerichtete Akustik des Raums unterschätzt. Blicke trafen mich, und plötzlich wusste ich, wie man im Boden versinkt. Ich erwartete eine Rüge von Sarah, sie jedoch, ganz unberührbarer Assistenzguru, lächelte nur. Mitleidig, wie mir nun schien.

„Und, wie fühlst du dich?", fragte Gaetano, als wir ungeduscht und voll „positiven" Schweißes den Übungsraum verließen.

„*Franchement dit,* ich habe nichts gemerkt."

Er seufzte. „Das dachte ich mir. – Natürlich hast du nichts gemerkt. Das ist immer so am Anfang. Aber du hast ja keine Geduld. Bei dir muss immer alles sofort passieren oder du springst ab. In diesem Punkt bist du schon ganz Pariserin."

„Ich finde das Leben zu kurz, um es mit Warten zu verbringen."

---

45 Excusez, aber den Scherz musste ich mir erlauben. Olympique Marseille, kurz l'OM genannt, ist – trotz zahlreicher Skandale – Frankreichs beliebtester Fußballclub. Zehnmal gewannen die Marseiller die französische Meisterschaft, zehnmal den *Coup de France,* und als bisher einzige französische Mannschaft das Champions-League-Finale 1993. Seine größte Zeit hatte l'OM in den späten 1980er und frühen 1990er Jahren, danach begannen Bestechungs- und Betrugsaffären, dem Club zu schaden. Trotzdem sind sich die Fans sicher: „OM wird uns alle überleben."

„Tout vient à point à qui sait attendre.“[46]

„Gaetano! Noch eine von deinen neu gewonnenen Weisheiten und ich kündige unsere Freundschaft.“

„Un ami c'est quelqu'un qui sait tout de toi, et qui t'aime quand même.“[47]

Fast hätte ich ihn nicht wiedererkannt. Um die Wahrheit zu sagen, hatte ich ihn bereits vergessen.

„*Ça alors,* Arnaud! Was für ein Zufall. *Ça va?* Was machst du hier?“ (Zugegeben, eine blöde Frage. Was macht ein Mann wohl in einer Dessousabteilung?)

Er stottert ein bisschen herum – keine gute Performance für einen Elite-Absolventen –, murmelt etwas von einem kleinen Geschenk und zupft an einem schwarzen Knäuel in seinen Händen. Ich nehme es ihm ab, bevor er etwas kaputtmachen kann. Er sieht nicht gut aus. Augenringe, erschöpfte Falten um den Mund. Bemitleidenswert. Es scheint nicht besser zu laufen mit Isabelle, seit ich die beiden in ihrer schicken, Schwiegervater-gesponsorten Wohnung allein gelassen habe. Oder vielleicht doch? Das kleine schwarze Geschenk würde auch für eine dieser luxuriösen Swingerpartys taugen, die angeblich gerade im Kommen sind. Aber Isabelle als zweite Catherine Millet? Mir fallen ihre cremefarbenen Frottépantöffelchen ein und die abendlichen Gesichtsmasken. Wahrscheinlich wird sie ihm nachher eine gewaltige Szene machen à la „Du liebst mich nicht, so wie ich bin“ et cetera. Aber eigentlich geht mich das ja gar nichts an. Ich bin schließlich im Dienst. Also sage ich: „Das ist ein wunderschönes Geschenk! Ganz exquisit und hervorragend geschnitten. Dieses

---

[46] Wer warten kann, dem kommt alles zur rechten Zeit.

[47] Ein Freund ist jemand, der alles von dir weiß und dich trotzdem liebt.

Label lässt nur von Hand produzieren." Was Eliten so hören wollen. „Das Bustier scheint mir allerdings eine Spur klein im Körbchen." Schließlich hat seine Frau zwei Kinder geboren. „Isabelle kann es aber jederzeit umtauschen." Sein Gesicht färbt sich rötlich.

Im Lager fängt mich Marie-Line ab. „Ist das ein Ex von dir? Der hat ja einen Mordsschreck bekommen, als er dich gesehen hat."

„Was, so einen Langweiler traust du mir zu?! Aber ich muss dich enttäuschen, das ist nur mein Ex-Vermieter, dem es peinlich ist, dass ich alle seine Ehestreits mitbekommen habe."

„Also ich finde ihn gar nicht so langweilig."

Auf dem Weg zur Kasse schaue ich mir Arnaud etwas genauer an. Es stimmt, rein optisch hat er sich gemacht. Er ist dünner geworden und dort, wo sonst immer eine dicke Krawatte mit Angeberknoten baumelte, steht sogar ein Knopf offen. Auch mit den Haaren ist etwas anders. Wenn es nicht Arnaud wäre, könnte man glatt das Wort „verwegen" benutzen, um ihn zu beschreiben.

Ich packe ihm ein schönes, fluffiges Päckchen im Isabelle-Stil. Er guckt unglücklich. „Das wird sie sicher freuen", sage ich aufmunternd. „Um so einen Mann würden all ihre Freundinnen sie beneiden." Er nimmt das Paket und bittet dann doch noch um eine Extratüte. Das Schlimme an Spießern ist, dass sie sich für ihre einmal begangenen Verwegenheiten sofort schämen. „Also dann, alles Gute", sage ich zum Abschied, um ihm (und mir) peinliche Interessefloskeln nach meinem Leben zu ersparen. *„On se voit."* Er lächelt tapfer und trollt sich.

Am nächsten Tag kurz vor Feierabend bin ich gerade dabei, einen Satz wie „nach dem brasilianischen Stil werden die

Schnitte jetzt wieder deutlich klassischer, wie Sie selbst sehen können" zu sagen, als Marie-Line auf uns zusteuert. „Ob Sie wohl einen Moment an der Kasse einspringen könnten, meine Liebe?" Und geflüstert: „Herrenbesuch für dich."

Mein Blick wandert Richtung Kasse. Dort steht Arnaud. Hängende Schultern, Bartschatten. Das Jackett scheint plötzlich drei Nummern zu groß für ihn. Mein Gott, sieht der fertig aus.

„Hat es nicht gepasst?"

„Doch, doch. Das heißt, ich weiß nicht. – Hast du einen Moment Zeit?"

„Ich kann in zehn Minuten Schluss machen. Treffen wir uns dann oben in der Brasserie."

Er hat bereits einen Aperitif vor sich und starrt in das Glas, als läge auf dem Grund ein kleiner toter Goldfisch, den er einmal sehr lieb gehabt hat. Ich setze mich ihm gegenüber und warte ab.

„Entschuldige meinen Aufzug", sagt er irgendwann, „aber ich habe die ganze Nacht nicht geschlafen. – Dieser Satz von dir gestern, was du über Isabelles Freundinnen gesagt hast und dass sie um einen Mann wie mich zu beneiden ist – ich habe mich so mies gefühlt danach."

Oh là là, mir schwant Übles.

„Plötzlich ist mir klar geworden, dass alles eine Lüge ist. Keine von Isas Freundinnen würde auch nur eine Minute lang mit ihr tauschen wollen, wenn sie wüssten, was für ein Ehemann ich bin."

„Aber Arnaud", sage ich hilflos. „In jeder Ehe läuft es mal eine Zeit lang schlechter. Zwei kleine Kinder, der Stress im Job, das ist ganz normal, glaub mir, das hört wieder auf." Als ob ich die geringste Ahnung davon hätte.

„Das ist es nicht." Mit einem Schluck stürzt er seinen Apéro hinunter. „Die Wäsche war gar nicht für Isabelle. Ich habe eine Freundin, seit über einem halben Jahr schon. Und gestern, da habe ich gemerkt, dass ich diesen Betrug nicht mehr aushalte. Ich werde Isabelle verlassen." Den Kopf in die Hände vergraben sitzt er da. Hoffentlich fängt er mir jetzt hier nicht an zu heulen. Ich gehe uns einen Kaffee holen, das scheint mir in dieser Situation besser als Alkohol. Als ich zurückkomme, hat er sich etwas gefasst.

„Ich habe sie in einem Café getroffen. Ich wartete auf einen Kollegen, sie saß am Nebentisch und lächelte mich so merkwürdig an. Dann sagte sie plötzlich: Erkennst du mich nicht? – Ich: Nein, kennen wir uns? – Sie: Wir haben mal miteinander geschlafen. – Ich sagte: Unmöglich, Sie verwechseln mich. Sie: Nein, nein, du bist Arnaud, stimmt's? Mir war das Ganze wahnsinnig peinlich. Ihr Gesicht sagte mir überhaupt nichts, und mein Kollege konnte jeden Moment auftauchen. Aber sie lachte nur: *C'est pas grave*. Das kann jedem passieren. Ist ja auch schon eine Weile her, und wir waren wahrscheinlich ziemlich betrunken. Ich bin Marisa, die Cousine von Yves Meyer. – Langsam dämmerte es mir. Yves hatte ich in der *Classe prépa*[48] für die *Sciences-Po* kennen gelernt."

---

[48] Wo sonst, dachte ich. In Frankreich bleibt man eben noch lieber unter sich als anderswo. Um die knallharten Aufnahmetests für die *Sciences-Po* (siehe Fußnote 1) oder irgendeine andere der *Grandes Écoles* zu bestehen, gibt es die so genannten *Classes préparatoires*. Auch für die muss man sich bereits bewerben, aufgenommen werden nur Abiturienten mit außergewöhnlichen Leistungen. Die anschließende Fron dauert etwa ein Schuljahr. Schon vom ersten Tag an ist ein Arbeitspensum von zehn bis zwölf Stunden normal und der Druck immens. Aber verzeihen Sie die Unterbrechung, der arme Arnaud.

Der arme Arnaud. Da saß er nun mit dieser irritierenden Frau, und von der anderen Straßenseite her winkte bereits der nahende Kollege.

„Also habe ich sie nach ihrer Telefonnummer gefragt. Eine Woche später haben wir zum ersten Mal miteinander geschlafen. Oder zum zweiten Mal, muss man wohl sagen." Er versuchte ein Lachen. „Sie ist so anders. Ich begann, mein eigenes Leben mit Isabelle mit fremden Augen zu betrachten. Ich sah eine Frau, der ich es nie recht machen würde, eine Wohnung, in der ich nicht mal die Fußmatte selbst ausgesucht hatte, einen Alltag ohne jede Spontaneität. All diese absurden Zwänge: Wann haben wir die Moutons das letzte Mal eingeladen, und was gab es zu essen? Nein, dann darf es dieses Mal auf keinen Fall wieder Crevetten geben. Eines Tages bemerkte ich, dass ich Isabelle eigentlich unerträglich finde. Ihre ständigen Szenen, ihre ständige Unzufriedenheit. Und dann dieses Rosa! Überall Rosa! Jeden Morgen denke ich, wenn sie heute wieder so ein rosa Cashmere-Jäckchen anhat, dann schreie ich. Das Einzige, was mich davon abhält, ist die Anwesenheit von Victor und Héloïse. Aber selbst die Kleine fängt schon an zu heulen, wenn sie einmal nichts von *Petit Bateau* bekommt."

Er zündete sich eine Zigarette an. Ich dachte an Isabelle, und wie sie für den Abwasch immer rosafarbene Gummihandschuhe getragen hatte. Arnaud fuhr fort: „Jahrelang bin ich durchs Leben gelaufen und habe getan, was die anderen von mir wollten. Die richtige Karriere, die richtigen Kontakte, das richtige Auto gefahren. Sonntags zum Brunch, in den Ferien zu den Schwiegereltern. Und jetzt frage ich mich: Was hat das alles mit mir zu tun? Nichts. Einmal habe ich gesagt, ich würde dieses Jahr gerne nach Ägypten fahren. ‚Was', sagt sie, ‚dieses schmutzige, unzivilisierte Land? Kommt gar nicht in Frage.' – Dabei konnten die Menschen dort schon chirurgische Operationen durchführen, als unsere große Zivilisation sich noch im Wald von Wildschweinen ernährte. Von Cashmere-Jäckchen ganz zu schweigen! Aber sich ein Mal für etwas interessieren, was sich außerhalb von Passy abspielt – wozu? Ein Mal marokkanisch essen gehen – warum, wenn man doch Le Scheffer hat? Einmal das Tennis mit der Schwester und deren ‚wahnsinnig erfolgreichen' Ministerialbeamten von Mann ausfallen lassen und sich stattdessen am hellichten Tag auf dem Wohnzimmerteppich lieben – wie könnte man, und was sollen die Nachbarn denken? Mein Gott, wie satt ich das alles habe!"

Verzweifelt rührte er in seinem Kaffee, der lange kalt geworden war. Ich schwieg. War das noch der Mann, der mich damals mit seinem Renault Espace vom Bus abgeholt hatte? Fast ein Jahr war das jetzt her, und unwillkürlich verließen meine Gedanken Arnaud und das Kaufhausrestaurant und gingen den Weg zurück, den ich seit damals gegangen war. War ich noch die, die er damals mit ihrem Koffer am Étoile eingesammelt hatte? Das Gefühl, das ihn aus seiner fraglosen Welt hinausgetrieben hatte, kannte ich nur zu gut. Diese Lust auf anderes. Nur hatte ich im Gegensatz zu ihm die Freiheit gehabt zu gehen, ohne das Leben eines anderen zu zerstören. Es waren die entscheidenden zehn Jahre, die zwischen uns lagen. Ich mochte nicht in seiner Haut stecken. Aber ich konnte ihm auch nichts raten.

„*C'est la crise de la quarantaine*"[49], sagte Alix, als ich ihr von Arnaud berichtete, mit einem Schulterzucken. „So einen hatte ich auch mal. Er wollte sich scheiden lassen, aber ich durfte ihn auf keinen Fall anrufen. Und dann haben sie ein zweites Kind bekommen, und er hat seine Zahnbürste wieder mitgenommen."

---

49 Französisch für Midlifecrisis.

„Und was hast du gemacht?“

„Moi, je suis tombée amoureuse de mon psy.“[50]

Zwei oder drei Tage später, ich bin beim Warestapeln im Lager. Marie-Line mit einem Lächeln, das für drei reicht: *„Dépêche-toi, ma chère.* Da ist jemand für dich da.“

Oh, nein, nicht schon wieder! Ich bin schließlich nur eine kleine Dessousverkäuferin und eigne mich nur sehr bedingt als Beichtvater oder Familientherapeutin.

„Il s'est mis sur son trente et un, je dirais“[51], sagt sie und zwinkert vielsagend. Was auch immer meine geschätzte Kollegin mir damit sagen will. Ich setze also ein gestresstes Gesicht auf und mache mich auf den Weg.

„Oh, ich komme wohl ungelegen? Ich hätte vielleicht vorher Bescheid sagen sollen. Aber ich hatte deine Nummer nicht, und da ich gerade ...“

“Aber nein. Ich meine, du störst überhaupt nicht. Ich hatte sowieso gerade nichts zu tun. Kann ich dir irgendwie helfen? Suchst du etwas Bestimmtes? Wir haben gerade neue Modelle reinbekommen.“ Himmel, wann hat eine erwachsene Frau zuletzt solchen Schwachsinn geredet! Aber Baptiste bleibt vollkommen unbeeindruckt. Er sieht tatsächlich ziemlich chic aus. Die Haare viel kürzer und das Hemd ausnahmsweise so zugeknöpft, dass das Tattoo nicht mal zu erahnen ist.

„Also, eigentlich suche ich ein ganz besonderes Modell. Eine Maßanfertigung sozusagen. Die Marke kommt aus Deutschland, glaube ich. Ich bräuchte es heute Abend gegen halb neun und würde es dann von meinem Chauffeur ab-

---

[50] Dt.: Ich habe mich in meinen Analytiker verliebt.

[51] *Se mettre sur son trente et un* bedeutet so viel wie: sich in Schale werfen, sich chic machen.

holen lassen. Es müsste aber sehr hübsch verpackt sein. – Ist das machbar?"

„Ich, äh, denke schon …" Ich stottere wie Thierrys alter Renault, wenn es ihm nachts zu kalt geworden ist, und sehe Baptiste nach, wie er Richtung Rolltreppe verschwindet.

„Der gefällt mir besser als der andere, dieser Anzug-Typ", sagt Marie-Line neben mir. „Auch wenn der vermutlich mehr Geld hat."

„Ja, Arnaud hat Geld, aber auch eine Krise, eine Frau, zwei Kinder und eine Geliebte."

„*Oh là là*. Die ändern sich nie, die Kerle."

„Dafür hat Baptiste ein Tattoo auf der Brust."

„Nun, *Chérie*, das sind die Männer, mit denen man rechnen muss."

„Aber er hat auch eine Freundin."

„Schätzchen, wie lange lebst du jetzt hier?"

Ach, Marie-Line, wenn ich nur ein paar Jahre mehr zum Üben gehabt hätte. Stattdessen verheddere ich mich ständig mit den kleinen Wäschebügeln und bringe meiner 42er-Kundin eine 38. Bisschen nervös, was?

Aber alles geht gut. Der „Chauffeur" wartet am Seiteneingang neben einem goldbraunen Citroën CX. Er lobt mein Kleid. – Wenn du wüsstest, mein Lieber. Schließlich hast du es mit einer Dessous- und nicht mit einer Dessusverkäuferin zu tun. (Nicht, was Sie jetzt vielleicht denken. Ich habe mir lediglich Marie-Lines Wahlspruch zu eigen gemacht: Eine Frau ist immer so erotisch wie ihre Unterwäsche.)

Verlegene Pause. Man sollte ein Rendezvous immer erst beim Wein beginnen.

Also frage ich nach seinem Auto. Das hilft immer, jetzt auch. (Ausnahme: Er fährt einen Renault Espace. Dann fragt man lieber nicht nach.) Er sagt etwas von „hydropneumatischer Federung" und dass dies das letzte „wirkliche Auto" sei, das Citroën gebaut habe, aber ich kann mich nicht wirklich auf seine Worte konzentrieren. Die ganze Zeit versuche ich, mich zu erinnern, ob ich mir heute Morgen die Beine rasiert habe oder nicht, aber es will mir partout nicht einfallen. Im Geiste sehe ich Alix' tadelnden Blick.

Dann sind wir da. Er hat das Tokyo Eat ausgesucht. *Très avant-garde*. Die kugeligen Lampen dienen gleichzeitig als Lautsprecher und man könnte das Ganze auch für eine Kantine für Außerirdische halten. Aber zu meinem Astrophysiker passt es.

Wir trinken viel Wein, das vor allem, und essen Coquillages et Crustacés à l'Estragon, gegrillten Fisch und ein Dessert aus Mousse und Früchten, das aussieht wie eine fliegende Untertasse.

„Wusstest du, dass das CNES[52] ein Ufo-Archiv besitzt? Darin sind alle jemals in Frankreich gesichteten unbekannten Flugobjekte verzeichnet."

„Tatsächlich? Dann sollten wir diese hier vielleicht auch melden. Nicht dass es unvollständig ist."

„Ja, unbedingt."

„Wie meldet man ein Ufo?"

„Man geht zur Gendarmerie und lässt einen Bericht aufnehmen."

„Und der wird dann weitergeleitet?"

„Genau."

„Und dann könnte jeder unseren Bericht lesen. Vielleicht würden wir berühmt, weil wir herausgefunden haben, dass die Außerirdischen, nachdem sie gelandet sind, ihre Flugob-

---

[52] Das Centre Nationale d'Études Spatiales, die französische Raumfahrtagentur.

jekte in unsere Nahrungskette einschleusen, um ihre Spuren zu verwischen. – Es schmeckt übrigens köstlich."

Le goût de vivre.

Nur damit Sie wissen, auf welchem Niveau unser Gespräch in etwa lief.

Irgendwann nimmt er meine Hand und küsst sie. Das ist der Moment. Denn was immer aus dieser Geschichte werden mag, ich kann sie nicht beginnen, ohne mein Gewissen erleichtert zu haben. Also:

„Du Baptiste, ich muss dir etwas sagen."

„Ja?"

„Damals, auf unserer Silvesterparty, als es Néné so schlecht ging – also, wie soll ich sagen, da hat Alix, haben wir ein bisschen, nun ja, nachgeholfen."

„??"

Ich lege ein umfassendes Geständnis der Situation ab.[53] Einen Augenblick lang sieht er mich an, ohne eine Miene zu verziehen. Verdammt, ich habe es vermasselt.

Dann lacht er plötzlich so laut, dass am Nebentisch empört geguckt wird.

„Was für eine großartige Idee! – Aber ich kann dich beruhigen. Néné ging es bestens. Wir hatten uns nur mal wieder gestritten, weil sie wieder mal alles schlecht fand und ihr die Party nicht gut genug war. Sie ist dann woandershin gegangen. Die Magengeschichte war nur ein Vorwand. Alix ist völlig unschuldig."

Mag sein, in diesem Moment könnte ich sie trotzdem erwürgen.

Aber dann habe ich keine Zeit mehr nachzudenken, weil ich wieder geküsst werde. Diesmal richtig.

---

[53] Siehe Seite 151 sowie Anmerkung 41.

Französisch für Anfänger IX

Es gibt da etwas, das kann einen in die Verzweiflung treiben. Die Rede ist von der französischen Liebe zur Abkürzung. Falls Sie vorhin bei der Erwähnung des CNRS wissend genickt haben, dürfte Sie das Folgende langweilen. Allerdings versichern mir selbst alteingesessene Zuwanderer, hin und wieder heimlich nachschlagen zu müssen. Der Franzose selbst benutzt die Abkürzungen wie den Subjonctif, beides ist ihm quasi angeboren. Allerdings würden Tempo und Melodie der Sprache enorm leiden, wollte man all die komplizierten Namen und Begriffe, die hinter der Abbreviatur stecken, in Gänze aussprechen. „l'A.P.E.L.C." lässt sich ohne Zweifel blitzartiger und schwungvoller in die Diskussion einwerfen als „l'Association des Parents d'Elèves des Lycées et Collèges". Außerdem sind die Franzosen Meister der Wortschöpfung und lassen sich nur ungern auf international gebräuchliche Begriffe festlegen. Mag die Weltgemeinschaft englisch miteinander kommunizieren, der Franzose sagt trotzdem O.N.U. statt UNO, wenn er von den Vereinten Nationen spricht. Weitere tolle Abkürzungen:

A.M.S. – Assemblée Mondiale de la Santé, Weltgesundheitsorganisation (WHO)

A.N.F.A.N.O.M.A. – Association nationale des Français d'Afrique du Nord, d'outre-mer et de leurs amis

E.U.A. – États-Unis d'Amérique, USA

F.N.A.C. – Fédération Nationale d'Achats des Cadres – nicht zu verwechseln mit le FNAC, dem allgegenwärtigen Kaufhaus für Bücher und CDs

O.M.C. – Organisation Mondiale de Commerce, internationale Handelsorganisation (WTO)

O.N.U.E.S.C. – Organisation des Nations Unies pour l'Education, la Science et la Culture Intellectuelle, Unesco

O.T.A.N. – Organisation du Traité de l'Atlantique Nord, Nordatlantisches Verteidigungsbündnis (NATO)

O.V.F. – Office du Vocabulaire Français

R.A.T.P. – Régime Autonome des Transports Parisiens, Pariser Verkehrsgesellschaft

R.S.V.P. – Répondez s'il vous plaît, um Antwort wird gebeten.

[54] Der Brin d'amour, ein Schafskäse, der auf Korsika hergestellt wird, sieht aus wie etwas, das vor langer Zeit im Wald vergraben wurde. Er ist annähernd quadratisch, halbweich und rundum von einer zottigen Schimmelschicht überzogen. Ein paar Rosmarinnadeln und Zweige verstärken den „natürlichen" Eindruck. Nach etwa einem Monat kommt der typische Geruch voll zur Entfaltung. Übersetzt bedeutet Brin d'amour so viel wie „Liebeshappen". Dazu fällt einem ein anderer Korse ein, Napoléon nämlich, der nach der Schlacht bei Marengo im Jahre 1800 an Josephine schrieb: *„Ne te lave pas. Je reviens."* – „Wasch dich nicht. Ich komme zurück."

April – Fin?

12. *Kapitel, in dem es Zeit wird, Abschied zu nehmen.*

Thierry war der Erste, der ging. Hartnäckige Sitzstreiks vor der Haustür und grandios inszenierte Liebesschwüre hatten Sandrine schließlich dazu bewogen, dem Vater ihrer Tochter eine zweite Chance einzuräumen, und so packte er eines Sonntags laut und falsch singend seine Siebensachen und verließ die Rue du Rocher. Wirkliche Trauer löste er damit nur bei Kater Paul aus. Die beiden hatten einander gemocht, sei es wegen der exklusiven Speisereste, die regelmäßig ihren Weg ins Paulchens Napf fanden, sei es, weil dieses stolpernde Katzentier das raue Herz eines Mannes regte, der Gefühle im Allgemeinen lieber für sich behielt.

Mir gab er zum Abschied etwas unbeholfen die Hand, murmelte etwas und hatte es dann eilig, nach Hause zu kommen. Aber das war nicht das Letzte, was mir von Thierry blieb: Als ich später am Tag den Kühlschrank öffnete, fand ich eine rechteckige Pappschachtel mit meinem Namen darauf.

„Un Brin d'amour artisanal d'origine Corse pour l'amitié franco-allemande."

Falls je das Herz einer Frau mit einem korsischen Käse erobert wurde, geschah es an diesem Tag.[54]

In Wahrheit aber war Thierrys Auszug für mich nur ein Ablenkungsmanöver. Ich musste über meine eigene Zukunft nachdenken. Aus Deutschland trafen E-Mails ein. Mein Untermieter nervte, weil er „endlich" wissen wollte, wie ich mich wegen der Wohnung entscheiden würde. Mein früherer Chef schrieb, ich solle mich melden, wenn ich zurück sei, solche Dinge eben, die geregelt werden wollten. Ich ignorierte alles, und beschloss, so lange als möglich nichts zu beschließen.

Natürlich plagten mich Zweifel. Eines Nachts träumte ich von einem jungen Dandy, der sich auf einer Ottomane räkelte und mir zurief: „Wenn man in Paris gelebt hat bleibt es einem verwehrt, je an einem anderen Ort zu leben, einschließlich Paris."

Es war John Ashbery, der von 1955 bis 1965 in Frankreich lebte, und von dem ich kürzlich einen Gedichtband in die Hände bekommen hatte.

Ist es ratsam, nach Paris zu gehen? Ist es überhaupt möglich, eine Antwort auf diese Frage zu finden? Schaut man sich die Biografie der Stadt an, muss man feststellen: Selbst wenn es nicht ratsam ist, haben es immer wieder alle getan. Und darin sind nur diejenigen enthalten, deren Namen man irgendwie für erwähnenswert hält. Es scheint übrigens keine Frage des Charakters zu sein, ob man nach Paris zieht. Heinrich Heine tat es ebenso wie Richard Wagner, der sensible Rilke genauso wie der Berserker Hemingway. (Dies nur als ein winziger, willkürlicher Auszug). Die meisten sind jedoch irgendwann wieder gegangen, ihre Zeit war um. Alle anderen liegen auf Père Lachaise oder Montparnasse.

Nur Paris ist immer noch da und erfindet sich immer wieder neu. Mag Rom die ewige Stadt sein, Paris ist unsterblich. Oder, um es mit dem wunderbaren Enrique Vila-Matas[55] zu sagen: *Paris ne finit jamais.* Paris endet nie. Für jeden, der nach Paris kommt, wird die Stadt in ein anderes Gewand schlüpfen. Für Hemingway war sie „ein Fest fürs Leben", ein Ort, an dem er „sehr arm und sehr glücklich war". Vila-Matas, obwohl er bei Marguerite Duras zur Untermiete wohnte, war dort nur „sehr arm und sehr unglücklich".

Für Georg wird Paris immer die Stadt sein, „in der du mit einer weißen Mütze im Zoo Ponys fütterst und dich wie eine Schneekönigin freust, wenn du eine Kasse ohne Schlange erwischst."

„Eine Stadt, die dich auffrisst, wenn du nicht Acht gibst", meint Gaetano.

Für die Mutter einer Freundin wird Paris zuallererst als die Stadt der späten 1950er Jahre lebendig bleiben, in der sie als 18-Jährige aus der deutschen Provinz entdeckte, wie weit die Welt sein kann und wie viel Platz für fremde Gedanken darin ist.

Für Alix ist es die Stadt, in der sie schon immer gelebt hat. *Rien de nouveau.* Für Pawel und Lilli dagegen war alles neu. Ihr Paris ist die Stadt der Müdigkeit. Sie kamen mit der Hoffnung auf Freiheit und Anerkennung. Aber über den Preis, den sie würden zahlen müssen, die Überstunden, die schmerzenden Rücken und die schweren Beine, die Einsamkeit und die Vorurteile hatten sie sich keine Vorstellung gemacht. Paris ist die Stadt der Lichter, aber wenn man im Schatten steht, kann es sehr kalt sein.

Jean-Luc wiederum hält Paris für ein gigantisches Museum. Wenn er durch die Straßen geht, sieht er Baustile und

---

55 Vila-Matas, Jahrgang 1948, gehört zu den bekanntesten spanischsprachigen Autoren der Gegenwart. Mitte der 1970er Jahre ging er nach Paris, um dort grandios zu scheitern. Dieser Tatsache verdankt sich sein 2005 auf Deutsch erschienener Roman: Paris hat kein Ende.

Epochen: Louis XIV., Napoléon Bonaparte, Haussmann, die Fünfte Republik, Barock, Empire, Jugendstil, Postmoderne.

So hat jeder seine eigene Geschichte mit Paris. Wenn heute jemand durch Paris ginge und alle Menschen danach fragte, was für sie diese Stadt sei, er bekäme wahrscheinlich 9,6 Millionen Antworten. Zusammengenommen ergeben sie das, was jeder spürt, und das dennoch so schwer zu fassen ist – den Geist von Paris.

Wenn die Dinge unerträglich werden, bleiben immer noch die Ufer der Seine. Auf der Suche nach Erleichterung lief ich durch die Strassen und suchte nach einer Antwort. Es war April, es regnete, die Sonne schien, und an der Metrostation Vavin sang ein Wiedergänger von Serge Gainsbourg: *Je t'aime, moi non plus.* Der Asphalt war schwarz und glänzte. *„Oh, oui je t'aime ..."* sang Serge und ich fragte mich, ob ich hier wahrhaftig glücklicher war als anderswo, oder nur wollte, dass es so wäre.

Von der Seine her wehte mir ein leichter Wind entgegen und kühlte mein Gesicht. Ich stand gegen die steinerne Brüstung des Pont Neuf gelehnt und schloss die Augen.

Da bemerke ich plötzlich, dass ich nicht allein bin. – Es ist die Vernunft.

„Du musst zurück", sagt sie. „Oder willst du dein Leben lang Dessousverkäuferin bleiben?"

„Ich könnte Baptiste heiraten und drei Kinder bekommen", schnappe ich zurück. Die Vernunft stöhnt nur. Sie spricht von sozialer Absicherung und Rentenbeiträgen, von Perspektiven und davon, dass mir mein jetziges Leben irgendwann nicht mehr genügen würde.

Mein Herz will das alles nicht hören. Es hat seine eigenen Gründe, die die Vernunft nicht kennt. „Bleib hier", sagt es und zählt mir auf, was alles fehlen würde:

Nie mehr die nächtlichen Lichter auf der Seine tanzen sehen. Nie mehr mit Gaetano ins „Le Chartier" gehen und *magret de canard* essen. Nie mehr ordentliche Baguettes kaufen können. Nie mehr Monsieur Jacques.

Nie mehr: „Alix, gestern Abend hat jemand für dich angerufen." – „Wer?"

„Keine Ahnung, er wollte keine Nachricht hinterlassen."

„War es Maurice?"

„Ich sage doch, ich weiß es nicht mehr. Ich dachte, es sei nicht so wichtig."

„Und *ob* es wichtig ist, Jean-Luc! Könntest du bitte versuchen, dich zu erinnern!?!"

„Alix, es ist zwecklos, das Gespräch war nur ganz kurz, und er hat auch seinen Namen gar nicht richtig gesagt."

„Das kann doch nicht wahr sein! Mit was für weltfremden Wesen lebe ich hier eigentlich zusammen! Wenn es um die Geschichte barocker Gartenanlagen auf der Île de France geht, kannst du dich doch auch an jede Jahreszahl erinnern, verdammt noch mal."

Türenschlagen. Dann Air in einer Lautstärke, die die Concierge auf den Plan ruft.

Nie mehr Baptistes Fingerspitzen im Nacken spüren …

„Wenn es sein soll, dann sind achthundert Kilometer kein Problem", unterbricht die Vernunft rüde. „Wir leben schließlich im Zeitalter der Fernbeziehungen."

Sie redet sehr lange auf mich ein. Ich hasse sie dafür. Irgendwann packe ich meine Koffer. Ein letztes Mal besuche ich Monsieur Marcel. Er wünscht mir *„Bonne continuation!"*. Wie lange wird es wohl dauern, bis er mich vergessen hat?

Für die Rückfahrt nehme ich den Zug. Ich brauche einen langsamen Übergang. 11.45 Uhr ab Gare du Nord. Zu Hause wird Georg am Bahnsteig warten. Ich gehe allein durch die Halle zum Gleis, denn ich mag keine Abschiede. Aus einem Koffer sind drei geworden.

„Hast du die Metro gesehen, Zazie?“
„Nein.“
„Was hast du denn getan?“
„Ich bin älter geworden.“

Ich bin zu früh. Der Zug ist noch nicht da, der Bahnsteig leer. Nur ganz am Ende steht jemand. Er kommt langsam auf mich zu. Im Arm hält er einen riesigen Strauß Rosen. Es ist Baptiste.

„Siehst du“, sagt mein Herz.

Mitreisend!

Markus Fix / Sarah Pendzich

Radnomaden

Mit dem Fahrrad nach China

Band 5609

Ein faszinierender Bericht über die Begegnung von Orient und Okzident, über Reiselust und Reisefrust – vor allem aber eine atemraubende Entdeckungsreise. Ein Lesevergnügen ersten Ranges.

Freunde in der Fremde

Reisegeschichten aus aller Welt

Hg. von Markus Fix

Band 5695

Wer reist, lernt Fremde kennen. Und manchmal werden Fremde zu Freunden. Dieses Buch versammelt witzige, haarsträubende, berührende, spannende Geschichten aus aller Welt, die die Sicht auf die Welt verändern und Lust auf Reisen und Fremdes machen.

Richard Goodman

Mein Garten in der Provence

Eine Geschichte über Sonne, Arbeit, Tomaten und Zucchini

Band 5760

Ein wunderbares Buch über das Leben in einem kleinen französischen Dorf, über Sonne, Regen, harte Arbeit, Wein, reife Tomaten – und den richtigen Zeitpunkt zum Gießen.

Michaela M. Özelsel

Pilgerfahrt nach Mekka

Meine Reise in eine geheimnisvolle Welt

Band 5542

Michaela M. Özelsel schildert ihre Erfahrung der uralten Rituale. Ihr packender Bericht beschreibt auch eine Reise ins eigene Innere – jenseits der Grenzen religiöser Tradition.

Britta Petersen

Wo die Götter leben

Alltag und Religion in Indien. Eine Reise

Band 5717

Indien – das Land der spirituellen Sucher aus dem Westen. Britta Petersen ist durch das Land im Umbruch gereist, um zu ergründen, wie es heute um die scheinbar sanften Religionen Indiens steht.

HERDER spektrum